SOM MAIRE

LE GUIDE pratique pour bien choisir SES PATATES

Les différents types de pommes de terre

Les pommes de terre à chair fondante

Les pommes de terre fondantes sont riches en eau et en sucre, ce qui leur donne une texture douce et moelleuse lorsqu'elles sont cuites, tout en se tenant bien à la cuisson.

Elles ont la capacité d'absorber les saveurs des autres ingrédients avec lesquels elles sont cuisinées, et sont donc idéales pour les recettes avec des sauces ou de la crème, ou qui nécessitent une cuisson longue comme les gratins, la cuisson mijotée en cocotte ou au four. Elles garderont leur texture moelleuse et leur goût délicat après cuisson.

Parmi les variétés les plus connues et recommandées en France, on peut citer :

- **l'Agata**, tendre et ferme à la fois, qui s'imprègne facilement des saveurs dont on l'accompagne.
- **la Ratte**, qui a une texture très fine, et est régulièrement utilisée pour les plats de pommes de terre rissolées ou les gratins.
- **la pomme de terre Nouvelle de Noirmoutier**, qui a un goût sucré et une texture fondante, idéale pour les gratins.

Les pommes de terre à chair ferme

Les pommes de terre fermes sont caractérisées par une texture dense et une faible teneur en eau, ce qui leur confère une bonne résistance à la cuisson.

Elles sont idéales pour les recettes nécessitant une tenue parfaite, comme les salades de pommes de terre, la cuisson à la vapeur et les pommes de terre sautées. Ces pommes de terre sont également réputées pour leur saveur subtile et leur peau fine, ce qui permet de se passer de l'épluchage si vous le souhaitez, et conserver leur texture à la cuisson tout en offrant une présentation soignée.

Les variétés appréciées pour leur fermeté sont :

- **l'Amandine**, qui présente une chair jaune pâle, ferme et moelleuse. Elle supporte très bien la cuisson à l'eau ou à la vapeur, car sa tenue restera parfaite.
- **la Charlotte**, qui est très populaire pour les salades, pour sa texture fine et son goût très marqué.
- **la Nicola**, cultivée en Allemagne, de couleur jaune pâle, avec une chair ferme et savoureuse. Elle est idéale pour les salades ou en accompagnement des plats en sauce.
- **la Roseval**, à la peau fine et rouge foncé. Sa chair est ferme et légèrement sucrée. Elle est parfaite pour les plats sautés, les pommes de terre rissolées ou les gratins.
- **la Belle de Fontenay,** qui possède une chair ferme mais fondante en bouche, avec une saveur délicate. Elle est particulièrement adaptée aux plats en sauce ou aux pommes de terre vapeur.

Les pommes de terre à chair farineuse

Les pommes de terre farineuses sont riches en amidon et ont une teneur en eau plus faible que les variétés fondantes ou fermes. Leur chair a tendance à s'écraser facilement.

Elles sont parfaites pour les recettes qui nécessitent une texture moelleuse et friable, comme les purées ou les soupes.

Elles absorbent également l'huile en faible quantité, ce qui les rend idéales pour les frites.

Les pommes de terre farineuses sont un excellent choix pour les enfants, car leur texture douce et moelleuse les rend facilement mangeables. Elles sont souvent utilisées pour faire des purées lisses et crémeuses dont raffolent les plus jeunes.

Voici quelques-unes des variétés les plus connues :

- **la Bintje**, originaire des Pays-Bas, est une variété beaucoup utilisée pour les frites, mais également excellente pour les purées.
- **l'Agria**, à la peau et la chair bien jaunes, particulièrement bien adaptée pour la préparation des frites.
- **la Russet**, cultivée aux Etats-Unis, avec sa peau brun foncé et sa chair blanche et farineuse.
- **la King Edward** ou “œil de perdrix”, une variété britannique qui est excellente pour les purées et les gratins. Sa peau est rouge et sa chair est farineuse et légèrement sucrée.

Comment faire votre choix ?

Choisissez bien vos pommes de terre en fonction de la recette que vous réalisez.

- Pour les gratins, la cuisson mijotée, en sauce ou au four, privilégiez les pommes de terre à chair fondante.
- Pour les salades de pommes de terre, la cuisson vapeur, les pommes de terre sautées, privilégiez les pommes de terre à chair ferme.
- Pour les soupes et potages, les purées et les frites, privilégiez les pommes de terre à chair farineuse.

Dans tous les cas, et qu'il s'agisse des pommes de terre ou patates douces, choisissez-les :

- fermes et lisses ;
- sans germes ;
- de couleur homogène et sans tâches.

Pour conserver vos pommes de terre et patates douces fraîches le plus longtemps possible, stockez-les :

- dans un endroit frais, bien aéré et non humide ;
- à l'abri de la lumière.
- Ne les conservez pas au réfrigérateur.
- Évitez de les ranger près d'oignons, car ils peuvent accélérer le processus de germination des patates.

Chapitre

1

Basiques

POUR
4 PERSONNES

PRÉPARATION
25 MIN

CUISSON
1 H 20

REPOS
1 H

500 g de pommes de terre à chair farineuse

10 cl d'eau

75 g de beurre

125 g de farine

3 œufs

1 pincée de noix de muscade râpée

Piment d'Espelette

Huile de tournesol

Sel

Pommes dauphines

1 Préchauffez le four à 140 °C.

2 Lavez les pommes de terre, placez-les dans un plat, enfournez-les et faites-les cuire pendant 1 h. À la sortie du four, ouvrez les pommes de terre, récupérez la pulpe et passez-la dans un moulin à purée.

3 Pendant ce temps, préparez une pâte à choux. Portez à ébullition l'eau et le beurre dans une casserole. Versez toute la farine d'un coup, et mélangez vigoureusement à la spatule en bois, jusqu'à ce que la pâte forme une sorte de boule et se détache de la casserole. Laissez tiédir puis ajoutez les œufs un à un, en mélangeant continuellement. Incorporez ensuite la purée de pommes de terre, et assaisonnez de sel, de noix de muscade râpée et de piment d'Espelette.

4 À l'aide d'une poche à douille, façonnez des croquettes de la taille d'une grosse noix et placez-les au réfrigérateur 1 h pour les raffermir.

5 Faites chauffer un bain d'huile de tournesol dans une friteuse ou une sauteuse à 180 °C, et faites frire les croquettes 2 à 3 min, jusqu'à ce qu'elles soient légèrement dorées. Égouttez et placez les croquettes sur du papier absorbant. Dégustez immédiatement.

RECETTE VÉGANE

POUR
4 PERSONNES

PRÉPARATION
5 MIN

CUISSON
15 MIN

Les épluchures de 6 pommes de terre (préalablement lavées)

2 c. à s. d'huile d'olive

Sel

Chips d'épluchures
de pommes de terre

1 Préchauffez le four à 210 °C.

2 Dans un saladier, mélangez l'huile d'olive et le sel, puis ajoutez-y les épluchures de pomme de terre. Mélangez-les bien afin qu'elles soient complètement imprégnées.

3 Déposez le tout sur une plaque recouverte de papier cuisson, puis enfournez et faites cuire environ 15 min.

Cette recette est parfaite pour ne pas jeter les épluchures de pommes de terre lors d'une recette qui nécessite de les éplucher. Dans l'idéal, les épluchures que vous utilisez doivent être plutôt longues. N'hésitez pas à assaisonner ces chips au gré des épices qui se trouvent dans votre placard : curry, paprika, herbes de Provence, etc.

POUR
4 PERSONNES
PRÉPARATION
10 MIN
CUISSON
8 MIN
REPOS
30 MIN

600 g de pommes de terre à chair farineuse

2 l d'huile de tournesol

Sel

Frites

1 Lavez bien les pommes de terre et coupez-les en bâtonnets de 0,8 cm de large au maximum, en prenant soin de garder la peau.

2 Faites chauffer un bain d'huile de tournesol dans une friteuse à 140 °C, et blanchissez les frites une première fois pendant 6 min. Laissez reposer 30 min au minimum, augmentez la température de l'huile à 180 °C puis plongez-y de nouveau les frites pendant 2 min, juste avant de servir. Égouttez bien.

3 Assaisonnez de sel, mélangez et servez les frites bien chaudes.

POUR
4 PERSONNES

PRÉPARATION
15 MIN

CUISSON
45 MIN

800 g de pommes de terre Grenaille avec leur peau

60 g de beurre doux

3 c. à s. d'huile d'olive

3 branches de romarin

1 botte de persil

Sel

Smashed potatoes

1 Déposez les pommes de terre dans une grande casserole d'eau salée, portez à ébullition et laissez cuire 15 min.

2 Égouttez les pommes de terre, laissez-les un peu refroidir et écrasez-les à moitié sur une plaque allant au four, à l'aide d'une grosse spatule ou du fond d'un verre. Plus les patates seront fines, plus elles seront croustillantes, mais moins la chair sera onctueuse.

3 Faites fondre le beurre dans une casserole à feu doux, ajoutez l'huile d'olive et les feuilles de romarin, puis versez le mélange sur les pommes de terre écrasées.

4 Préchauffez le four à 180 °C, puis enfournez les pommes de terre pendant 30 min, jusqu'à l'obtention d'une belle couleur dorée. À la sortie du four, salez et ajoutez le persil émincé.

POUR
4 PERSONNES

PRÉPARATION
10 MIN

CUISSON
20 MIN

800 g de pommes de terre à chair farineuse

15 cl de lait

50 g de beurre

Sel

Purée de pommes de terre

1 Faites cuire les pommes de terre entières, à la vapeur ou à l'eau, jusqu'à ce qu'elles soient tendres. Égouttez-les, laissez-les refroidir puis épluchez-les.

2 Faites tiédir le lait avec le beurre dans une petite casserole.

3 Passez les pommes de terre au moulin à purée, ou écrasez-les à l'aide d'un presse-purée ou d'une fourchette. Ajoutez progressivement le lait et le beurre fondu. Ajoutez un peu de sel et mélangez jusqu'à obtenir la texture souhaitée. Servez bien chaud.

Veillez à ne pas trop mélanger la purée, sinon elle risquerait de devenir élastique. Vous pouvez remplacer le lait et le beurre par 2 c. à s. d'une bonne huile et ajouter des noisettes concassées. Pour une version festive, vous pouvez ajouter 1 c. à s. d'huile de truffe ou 1 c. à c. de pelures de truffe.

POUR
6 PERSONNES

PRÉPARATION
15 MIN

CUISSON
15 MIN

1 kg de pommes de terre à chair farineuse

1 gousse d'ail

5 cl de lait

1 pincée de noix de muscade râpée

Sel

Poivre

100 g de beurre

RECETTE VEGGIE · RECETTE VEGGIE

Ecrasé de pommes de terre

1 Faites bouillir 1 l d'eau.

2 Épluchez les pommes de terre, puis coupez-les en morceaux.

3 Faites-les cuire 15 min dans l'eau bouillante.

4 Pendant ce temps, épluchez et écrasez la gousse d'ail. Faites-la cuire avec le lait dans une casserole. Ajoutez la noix de muscade râpée, du sel et du poivre.

5 Égouttez les pommes de terre, puis mélangez-les au lait en écrasant le tout à la fourchette.

6 Ajoutez le beurre au moment de servir et dégustez chaud.

POUR
4 PERSONNES

PRÉPARATION
10 MIN

CUISSON
35 MIN

800 g de patates douces
1 c. à c. d'origan
4 branches de romarin
5 cl d'huile d'olive
200 g de feta
Sel
Poivre

Frites de patates douces

1 Préchauffez le four à 200 °C.

2 Épluchez les patates douces. Coupez-les en bâtonnets et mettez-les dans un saladier avec l'origan, le romarin et l'huile d'olive. Mélangez.

3 Déposez le tout sur une plaque recouverte de papier cuisson, puis émiettez la feta par-dessus. Enfournez pour 35 min en remuant deux fois au cours de la cuisson.

RECETTE VEGGIE

POUR
4 PERSONNES

PRÉPARATION
30 MIN

CUISSON
30 MIN

300 g de pommes de terre à chair farineuse

3 jaunes d'œufs

95 g de farine

50 g de grana padano râpé

1 pincée de noix de muscade râpée

Sel

Gnocchi de pommes de terre

1 Préchauffez le four à 170 °C. Emballez chaque pomme de terre dans une feuille de papier aluminium et faites-les cuire au four pendant 30 min environ, en fonction de leur taille.

2 Retirez les pommes de terre de leur papier et pelez-les.

3 Écrasez-les grossièrement et passez-les au moulin à purée ou au tamis. Ajoutez les jaunes d'œufs, la farine, le grana padano, du sel, de la noix de muscade râpée.

4 Travaillez à la main sur une planche fleurée de farine, jusqu'à l'obtention d'une pâte tiède.

5 Formez une boule et farinez-la.

6 Formez de longs boudins.

7 Détaillez des gnocchi de 2 cm de longueur et saupoudrez-les de farine.

8 Portez à ébullition une grande casserole d'eau salée, et plongez-y les gnocchi. Faites-les cuire 3 min ou jusqu'à ce qu'ils remontent à la surface. Égouttez et servez les gnocchi bien chauds, juste poêlés, avec la sauce de votre choix ou un peu de beurre et de fromage râpé.

POUR
4 À 6 PERSONNES
PRÉPARATION
20 MIN
CUISSON
1 H 05

1,5 kg de pommes de terre à chair fondante

2 gousses d'ail

1 l de lait

1 c. à c. de noix de muscade râpée

30 cl de crème fraîche

100 g de beurre

Sel

Poivre

Gratin dauphinois

1 Épluchez les pommes de terre et rincez-les à l'eau froide.

2 À l'aide d'une mandoline ou d'un robot, coupez les pommes de terre en tranches. Pelez l'ail et hachez-le finement.

3 Mettez le lait, l'ail, la noix de muscade râpée, du sel et du poivre dans une casserole, puis portez à ébullition. Ajoutez les tranches de pommes de terre et laissez cuire 15 min.

4 Préchauffez le four à 180 °C. Beurrez un plat à gratin.

5 À l'issue de la cuisson, égouttez les tranches de pommes de terre, puis disposez-les dans le plat. Ajoutez la crème fraîche et le beurre coupé en petits morceaux sur le dessus. Enfournez et faites cuire 50 min. Servez le gratin dauphinois bien chaud.

Chapitre 2
à Picorer

RECETTE VEGGIE · RECETTE VEGGIE ·

POUR
4 PERSONNES

PRÉPARATION
15 MIN

CUISSON
35 MIN

400 g de pommes de terre à chair farineuse
1 gousse d'ail
50 g d'emmental râpé
2 œufs
80 g de chapelure
Sel
Poivre

Croquettes de pommes de terre apéro

1 Épluchez les pommes de terre et faites-les cuire dans une casserole d'eau bouillante salée jusqu'à ce qu'elles soient fondantes.

2 Écrasez les pommes de terre en purée à l'aide d'une fourchette ou d'un presse-purée, et assaisonnez de sel et de poivre. Pelez et hachez l'ail finement. Ajoutez-le à la purée avec le fromage râpé. Mélangez le tout.

3 Formez à la main des petits boudins de purée.

4 Fouettez les œufs dans un bol, plongez-y les boudins, puis roulez-les dans la chapelure.

5 Une fois toutes les croquettes panées, faites-les frire dans une poêle chaude avec de l'huile d'olive jusqu'à ce qu'elles soient bien dorées. Après cuisson, égouttez les croquettes sur du papier absorbant.

POUR
12 À 15 BEIGNETS

PRÉPARATION
45 MIN

CUISSON
45 MIN

REPOS
24 H

500 g de filets de morue (non dessalée)

500 g de pommes de terre à chair farineuse

2 oignons

1 botte de persil

1 c. à c. de noix de muscade râpée

5 œufs

Huile de friture

Le zeste de 1 citron vert

Sel

Poivre

Beignets de morue

1 La veille, dessalez la morue en la plongeant dans un grand saladier d'eau froide. Elle doit être totalement recouverte d'eau. Placez-la dans la partie basse du réfrigérateur pour 24 h, et veillez à changer l'eau 2 ou 3 fois.

2 Le jour même, placez la morue dans une casserole d'eau froide. Faites chauffer jusqu'à frémissement, puis éteignez le feu et laissez pocher la morue pendant 20 min. Retirez la morue de l'eau et, lorsqu'elle est froide, retirez la peau et les arêtes, puis émiettez la chair. Réservez.

3 Faites cuire les pommes de terre dans de l'eau salée ou à la vapeur pendant 25 min.

4 Pendant ce temps, pelez les oignons, puis coupez-les finement et ciselez le persil. Lorsque les pommes de terre sont cuites, enlevez la peau, puis écrasez-les en purée.

5 Dans un grand saladier, mélangez la morue effilochée et la purée. Ajoutez les oignons coupés finement, le persil ciselé et la noix de muscade râpée. Salez et poivrez. Ajoutez les œufs entiers et mélangez afin qu'ils lient bien la pâte.

6 À l'aide de deux cuillères à soupe, formez des boulettes de pâte.

7 Faites chauffer un bain d'huile dans une friteuse ou une sauteuse à 180 °C, et plongez-y les beignets. Une fois qu'ils sont bien dorés, sortez-les et déposez-les sur du papier absorbant. Servez tiède avec une mayonnaise et zestez le citron vert sur le poisson frit au moment de servir.

POUR
4 PERSONNES
PRÉPARATION
45 MIN
CUISSON
40 MIN

300 g de pommes de terre à chair fondante

10 cl d'huile d'olive

½ verre d'eau

1 oignon

140 g de chorizo

5 œufs

1 c. à c. de piment moulu ou 4 gouttes de Tabasco®

Sel

Poivre

Tortilla **chorizo**

1 Épluchez les pommes de terre et coupez-les en rondelles.

2 Faites chauffer l'huile d'olive dans une grande poêle et versez-y les pommes de terre. Faites-les cuire 15 min environ à feu moyen en remuant régulièrement. Au terme de la cuisson, versez le demi-verre d'eau afin de recouvrir les pommes de terre et faites cuire à nouveau à couvert jusqu'à absorption complète de l'eau.

3 Pendant ce temps, pelez et hachez finement l'oignon, retirez la peau du chorizo et coupez-le en rondelles.

4 Ajoutez le tout aux pommes de terre lorsqu'elles sont quasiment cuites et fondantes.

5 Dans un saladier, fouettez les œufs avec le piment moulu, le sel et le poivre, puis versez la préparation dans la poêle. Poursuivez la cuisson à feu doux et à couvert pendant 10 min.

6 À l'aide d'une assiette, retournez la tortilla et continuez la cuisson pendant encore 5 min.

POUR
6 PERSONNES
PRÉPARATION
40 MIN
CUISSON
20 MIN

Pommes de terre rôties et sauce fromagère

600 g de pommes de terre Grenaille ou Ratte

50 cl de vin blanc sec

5 cl de lait

10 cl de crème liquide

150 g de beaufort râpé

1 c. à c. de moutarde

Salade de pommes

1 pomme Granny Smith

1 branche de céleri

6 cerneaux de noix

2 c. à s. dhuile végétale

Sel

Poivre

Reste de la planche

2 poires Doyenné du Comice

2 pommes Golden

1 petit reblochon

150 g de parmesan

150 g de cerneaux de noix

1 pain aux noix tranché

6 tranches de jambon blanc truffé

Planche hivernale

1 Préparez les pommes de terre rôties et la sauce fromagère. Préchauffez le four à 180 °C. Lavez les pommes de terre, séchez-les, placez-les dans un plat à gratin, versez un filet d'huile d'olive et enfournez pour 30 min.

2 Pour la sauce, dans une petite casserole, portez à ébullition le vin, le lait et la crème. Ajoutez le beaufort râpé et coupez le feu. Mélangez jusqu'à ce que la sauce soit homogène. Assaisonnez avec la moutarde, du sel et du poivre et versez dans un joli bol.

3 Pour la salade de pommes, épluchez et coupez en petits dés la pomme Granny Smith et le céleri. Hachez grossièrement les cerneaux de noix. Dans un bol, mélangez le tout avec un peu de sel, de poivre et d'huile végétale.

4 Épluchez et coupez les poires et les pommes Golden en quartiers. Coupez le reblochon en parts et le parmesan en morceaux.

5 Sur une grande planche, disposez les ingrédients cuisinés, ainsi que les poires et les pommes, le reblochon, le parmesan, les cerneaux de noix, le pain et le jambon truffé.

POUR
4 À 6 PERSONNES
PRÉPARATION
20 MIN
CUISSON
45 MIN

300 g de filets de poulet
8 œufs + 2 œufs
3 pommes de terre à chair fondante
Huile de tournesol
2 oignons
1 gousse d'ail
Huile d'olive
2 c. à s. de ras el-hanout
200 g de feta
100 g d'olives noires dénoyautées
1 bouquet de coriandre fraîche
Le jus de 1 citron
Sel
Poivre

Tajine tunisien

1 Préchauffez le four à 180 °C.

2 Portez à ébullition une petite casserole d'eau et plongez-y 2 œufs et faites-les cuire 10 min pour qu'ils soient durs.

3 Épluchez, rincez et coupez les pommes de terre en dés. Faites chauffer de l'huile de tournesol dans une poêle. Faites-y cuire les pommes de terre. Une fois dorées, égouttez et réservez.

4 Pelez et émincez les oignons et la gousse d'ail. Coupez en dés les filets de poulet.

5 Faites revenir les oignons, l'ail et le poulet dans un filet d'huile d'olive avec le ras el-hanout. Versez dans un saladier, ajoutez les pommes de terre cuites, la feta coupée en dés et les olives noires.

6 Lavez et ciselez finement la coriandre. Battez au fouet les œufs dans un saladier, ajoutez le jus d'un demi-citron, la coriandre ciselée, du sel et du poivre. Mélangez avec tous les autres ingrédients. Ajoutez les œufs durs coupés en morceaux et mélangez délicatement.

7 Versez un filet d'huile d'olive dans un plat allant au four et versez la préparation. Enfournez et faites cuire 30 à 45 min. Servez chaud à la sortie du four.

POUR
6 PERSONNES

PRÉPARATION
30 MIN

CUISSON
30 MIN

Patates douces rôties

2 patates douces

½ botte de coriandre

½ botte de ciboulette

Huile végétale

Sel

Poivre

Rougail dakini

2 tomates Roma

1 gousse dail

1 cm de gingembre frais

½ oignon jaune

2 c. à s. de beurre de cacahuète

Huile végétale

Sel

Poivre

Sauce citron-piment

1 citron jaune

1 oignon nouveau

1 petit piment vert

2 c. à s. d'huile végétale

Sel

Thon à la tahitienne

300 g de filet de thon

¼ de concombre

1 petite carotte

1 oignon nouveau

Le jus de 1 citron vert

1 c. à s. de vinaigre blanc

10 cl de crème de coco

Sel

Poivre

Reste de la planche

Une douzaine de samoussas variés

Assortiment de crudités

200 g d'achards de légumes (au rayon épicerie fine ou produits du monde de votre supermarché)

Planche insulaire

1 Commencez par préparer les patates douces rôties. Préchauffez le four à 180 °C. Coupez les patates en deux dans le sens de la longueur, mettez-les sur une plaque recouverte de papier cuisson, côté plat vers le haut. Arrosez d'un peu d'huile, de sel et de poivre. Enfournez 30 min. Pendant ce temps, effeuillez la coriandre et émincez la ciboulette.

2 Pour le rougail, portez à ébullition une petite casserole d'eau et ébouillantez les tomates quelques instants. Épluchez-les, retirez le pédoncule et hachez finement la chair. Pelez et hachez l'ail, le gingembre et l'oignon. Dans une casserole, faites revenir 5 min dans 2 c. à s. d'huile l'ail, l'oignon et le gingembre. Ajoutez les tomates hachées et le beurre de cacahuète. Laissez cuire à feu doux pendant 20 min. Versez la sauce dans le bol d'un robot et mixez jusqu'à l'obtention d'une texture lisse. Rectifiez l'assaisonnement et réservez.

3 Pour la sauce citron-piment, pelez le citron et prélevez les suprêmes. Hachez-les et mettez-les dans un bol. Pelez et hachez un oignon nouveau et le piment après en avoir retiré les graines. Mélangez avec le citron, du sel et 2 c. à s. d'huile végétale.

4 Pour le thon à la tahitienne, coupez le poisson en petits dés. Épluchez et coupez en petits dés le concombre et la carotte. Émincez finement l'oignon nouveau. Mélangez le tout et assaisonnez avec le jus de citron vert, le vinaigre blanc, la crème de coco, du sel et du poivre. Répartissez dans de jolis bols.

5 Sur la planche, déposez les patates douces parsemées de ciboulette et de coriandre. Disposez la sauce, le rougail, le tartare de poisson, les samoussas, les achards et les crudités.

POUR
4 PERSONNES
PRÉPARATION
25 MIN
CUISSON
30 MIN
CUISSON
8 H

150 g de patate douce
150 g de pois chiches secs
1 gousse d'ail
1 oignon
½ botte de persil plat
1 c. à c. de sel
1 c. à c. de coriandre moulue
1 c. à c. de cumin moulu

Sauce tahiné
3 c. à s. bombées de tahiné
4 c. à s. de jus de citron vert
1 c. à c. d'ail en poudre
¼ de c. à c. de sel
4 c. à s. d'eau chaude
1 yaourt de brebis
Persil plat

Falafels de patate douce

1 La veille, versez les pois chiches dans un saladier et couvrez d'eau froide. Couvrez et laissez tremper 8 h au minimum.

2 Épluchez la patate douce, coupez-la en dés et faites-les cuire à la vapeur jusqu'à ce qu'ils soient tendres.

3 Pelez et râpez l'ail. Pelez et émincez l'oignon. Lavez et ciselez le persil.

4 Versez dans le bol d'un mixeur les pois chiches égouttés et rincés, l'ail, l'oignon, 3 poignées de persil, le sel, la coriandre moulue et le cumin moulu. Mixez afin d'obtenir une chapelure grossière. Ajoutez les patates douces cuites et mixez à nouveau.

5 Formez 12 boulettes d'environ 40 g chacune entre vos mains, déposez-les sur une assiette et réservez au frais pendant la préparation de la sauce.

6 Préchauffez le four à 180 °C.

7 Dans un bol, mélangez le tahiné, le jus de citron vert, l'ail en poudre et le sel. Délayez petit à petit avec l'eau chaude, afin d'avoir une sauce bien crémeuse. Ajoutez le yaourt de brebis, le reste de persil plat ciselé et mélangez.

8 Badigeonnez les falafels avec 1 c. à s. d'huile d'olive, déposez-les sur une plaque de cuisson et enfournez pour 15 min, en les retournant à mi-cuisson. Servez les falafels avec la sauce au tahiné.

POUR
4 PERSONNES
PRÉPARATION
10 MIN
CUISSON
15 MIN

4 pommes de terre à chair fondante
1 filet d'huile d'olive
Persil
Sel
Poivre

RECETTE VÉGANE · RECETTE VÉGANE ·

Chips en spirale

1 Préchauffez le four à 190 °C.

2 Lavez soigneusement les pommes de terre et piquez-les dans la longueur avec une pique à brochette.

3 Taillez les pommes de terre en spirales : enfoncez le couteau dans la pomme de terre en commençant par le haut, et faites tourner la pomme de terre tout en faisant descendre la lame, sans jamais la retirer. Répétez la même opération pour toutes les pommes de terre.

4 Déposez les brochettes sur une plaque allant au four recouverte de papier cuisson. Versez un filet d'huile d'olive, assaisonnez de sel et de poivre, saupoudrez de persil et faites cuire 15 min.

POUR
4 PERSONNES
PRÉPARATION
30 MIN
CUISSON
50 MIN

Frites
600 g de pommes de terre à chair farineuse
2 l d'huile de tournesol
Sel

6 oignons blancs
1 tomate allongée Roma
500 g de tomates pelées en conserve
200 g de viande de bœuf hachée
50 g de concentré de tomate
10 g de cassonade
1 c. à s. de cumin
1 c. à s. de piment de Cayenne
200 g de haricots noirs cuits
4 c. à s. d'oignons frits
200 g de cheddar râpé
Huile de pépins de raisin

Frites sauce chili

1 Préparez les frites comme indiqué p. 20.

2 Pelez et taillez l'oignon blanc en brunoise et coupez la tomate Roma et les tomates pelées en gros dés d'environ 1 cm de côté.

3 Faites revenir la viande hachée dans une grosse sauteuse pendant environ 10 min avec un fond d'huile de pépins de raisin, puis ajoutez l'oignon, les tomates en dés, le concentré de tomate, la cassonade, le cumin et le piment en poudre. Portez à ébullition puis laissez mijoter à feu doux pendant 40 min. Ajoutez les haricots noirs en fin de cuisson.

4 Préchauffez le four à 220 °C. Déposez les frites dans un grand plat à gratin, ou divisez-les en 4 portions individuelles de 150 g, puis recouvrez-les de sauce. Ajoutez les oignons frits puis le cheddar râpé et faites gratiner 5 min au four.

POUR
4 PERSONNES
PRÉPARATION
15 MIN
CUISSON
25 MIN

Patatas bravas

800 g de pommes de terre Grenaille ou Ratte

Sel

Paprika fumé

3 l d'huile de friture

Sauce

70 g d'échalotes

1 gousse d'ail

3 jaunes d'œufs

30 cl de vinaigre de vin rouge

12 g de sel

12 g de paprika fumé

30 g de cassonade

33 cl d'huile de pépins de raisin

7 cl d'huile d'olive

1 Pour la sauce, si vous avez un blender puissant, versez-y tous les ingrédients sauf les huiles et mixez à vitesse maximale. Incorporez l'huile en filet, au fur et à mesure comme pour une mayonnaise. Si vous n'avez pas de blender, pelez et hachez très finement les échalotes et la gousse d'ail, puis mettez-les dans un bol et ajoutez les jaunes d'œufs, le vinaigre, le sel, le paprika et le sucre. Fouettez vigoureusement et ajoutez les huiles au fur et à mesure.

2 Déposez les pommes de terre dans une grande casserole d'eau salée, portez à ébullition et laissez cuire 15 à 20 min. Égouttez-les, laissez-les un peu refroidir et coupez-les en gros morceaux.

3 Préparez le sel au paprika fumé, en dosant 1/3 de paprika pour 2/3 de sel.

4 Faites chauffer un bain d'huile de friture dans une friteuse ou une sauteuse à 180 °C. Plongez-y les pommes de terre et faites-les frire pendant 3 min, jusqu'à ce qu'elles soient bien dorées. Égouttez-les sur du papier absorbant, puis assaisonnez immédiatement de sel au paprika. Nappez de sauce et dégustez chaud.

RECETTE VÉGANE · RECETTE VÉGANE ·

POUR
6 PERSONNES

PRÉPARATION
10 MIN

CUISSON
20 MIN

REPOS
30 MIN

1,2 kg de pommes de terre à chair ferme

30 g d'ail (3 gousses environ)

30 g de coriandre

4 g de poudre de chili

Le jus de ½ citron

Sel

6 cl d'huile d'olive

Batata harra

1 Épluchez les pommes de terre et coupez-les en dés de 3 cm. Pelez et hachez l'ail, hachez la coriandre.

2 Faites tremper les dés de pommes de terre dans de l'eau pendant 30 min pour retirer le maximum d'amidon.

3 Égouttez bien les pommes de terre, puis faites-les sauter dans l'huile d'olive pendant 15 min, jusqu'à ce qu'elles soient dorées et croustillantes. Réservez-les sur du papier absorbant pour retirer l'excédent de graisse.

4 Dans la même sauteuse, faites revenir l'ail, jusqu'à ce qu'il soit doré. Ajoutez la coriandre puis les pommes de terre, et continuez à faire revenir à feu vif. Assaisonnez avec du sel et la poudre de chili. Ajoutez un trait de jus de citron au moment de servir.

POUR
4 PERSONNES
PRÉPARATION
40 MIN
CUISSON
10 MIN

4 tranches de pain de campagne
4 pommes de terre à chair fondante
2 oignons
150 g de lardons
8 tranches de fromage à raclette

Tartines façon raclette

1 Préchauffez le four à 180 °C.

2 Épluchez les pommes de terre et faites-les cuire dans une casserole d'eau salée jusqu'à ce qu'elles soient fondantes.

3 Pendant ce temps, pelez les oignons et coupez-les finement, puis faites-les revenir dans une poêle chaude avec un filet d'huile d'olive et ajoutez-y les lardons. Faites cuire environ 10 min.

4 Taillez les pommes de terre cuites en rondelles et disposez-les sur les tranches de pain de campagne. Parsemez d'oignons et de lardons, puis recouvrez chaque tartine de 2 tranches de fromage à raclette. Enfournez et faites cuire pendant 10 min.

POUR
4 À 6 BEIGNETS

PRÉPARATION
30 MIN

CUISSON
20 MIN

4 à 6 pains à hot-dogs
2 pommes de terre à chair fondante
3 œufs
2 filets de poulet
Huile d'olive
1 oignon rouge
1 petite boîte d'olives noires dénoyautées
Mayonnaise
Harissa
Quelques feuilles de laitue
Sel
Poivre

Fricassés **tunisiens**

1 Faites cuire les pommes de terre dans un grand volume d'eau. Égouttez-les et laissez-les refroidir, puis retirez la peau et coupez-les en dés.

2 Faites cuire les œufs dans l'eau bouillante 9 à 10 min. Passez-les sous l'eau froide et écalez-les.

3 Faites cuire les filets de poulet dans une poêle avec un filet d'huile d'olive de chaque côté jusqu'à ce qu'ils soient dorés. Débarrassez et effilochez les filets. Réservez.

4 Pelez et émincez l'oignon rouge, coupez les olives en rondelles.

5 Dans un saladier, écrasez grossièrement les œufs durs, ajoutez l'effiloché de poulet, les pommes de terre coupées en dés, l'oignon rouge émincé et les olives noires. Salez, poivrez, ajoutez la mayonnaise et la harissa. Mélangez.

6 Incisez les pains et garnissez chacun avec de la farce et une feuille de laitue.

POUR
4 PERSONNES
PRÉPARATION
10 MIN
CUISSON
10 MIN

Frites

600 g de pommes de terre à chair farineuse

2 l d'huile de tournesol

Sel

12 tranches de cheddar anglais

12 tranches de poitrine fumée

Sauce sriracha

Frites bacon, cheddar et sauce sriracha

1 Préparez les frites comme indiqué p. 20 puis versez-les dans un grand plat.

2 Dans une poêle, faites légèrement fondre les tranches de cheddar et versez-les sur les frites. Dans la même poêle, faites griller les tranches de poitrine fumée, coupez-les en deux et disposez-les sur le cheddar. Versez la sauce sriracha par-dessus et dégustez immédiatement.

Chapitre 3

Healthy

RECETTE VÉGANE · RECETTE VÉGANE

POUR
4 PERSONNES

PRÉPARATION
50 MIN

CUISSON
50 MIN

Croquettes

400 g de pommes de terre à chair farineuse

4 c. à c. de graines de chia

1 botte de ciboulette

20 g d'oignons frits

1 c. à s. de flocons d'oignons déshydratés

1 c. à c. de paprika fumé

1 c. à c. de cumin moulu

½ c. à c. de noix de muscade râpée

200 g de chapelure panko

3 c. à s. de farine de pois chiche

Huile de friture

Sel

Poivre

Ragoût

2 grosses carottes

6 topinambours

1 patate douce

2 navets

2 bâtons de cannelle

1 c. à c. de graines de coriandre

1 c. à c. de graines de cumin

1 c. à c. de cardamomes

2 oignons

1 gousse d'ail

2 cm de gingembre

250 g de tomates concassées en conserve

1 c. à c. de poudre de colombo

1 branche de thym

1 feuille de laurier

2 piments végétariens

Sel

Poivre

Croquettes de pommes de terre et ragoût de légumes aux épices douces

Croquettes

1 Pelez et coupez grossièrement les pommes de terre. Portez une casserole d'eau salée à ébullition, puis plongez-y les dés de pommes de terre. Laissez cuire 10 min et vérifiez la cuisson à l'aide d'une fourchette.

2 Pendant ce temps, préparez un gel de chia : dans un bol, mettez les graines de chia et mouillez avec 5 c. à s. d'eau. Mélangez brièvement et laissez gonfler.

3 Ciselez la ciboulette et réservez.

4 Quand les pommes de terre sont cuites, égouttez-les, puis placez-les dans un saladier. Ajoutez les oignons frits, les flocons d'oignons et toutes les épices. Écrasez à l'aide d'une fourchette, ajoutez le gel de chia et la ciboulette et mélangez. Formez des boulettes. Réservez.

Ragoût

5 Lavez et pelez tous les légumes. Coupez-les en tronçons ou en dés. Réservez.

6 Dans un mortier, concassez les épices entières et mettez-les de côté. Pelez l'oignon, l'ail et le gingembre et émincez-les.

7 Dans un faitout, sur feu moyen, versez 2 c. à s. d'huile. Faites revenir les épices concassées jusqu'à ce qu'elles soient odorantes, puis ajoutez les oignons. Faites-les revenir jusqu'à ce qu'ils soient translucides, avec un tout petit peu d'eau si jamais ils commencent à trop colorer. Ajoutez les légumes sauf la patate douce, puis ajoutez l'ail et le gingembre et laissez colorer sur toutes les faces. Ajoutez alors les tomates concassées, le colombo, les herbes aromatiques et les piments végétariens. Salez et poivrez. Recouvrez d'eau, fermez avec un couvercle et portez à ébullition, puis baissez le feu. Au bout de 20 min, quand les légumes commencent à être cuits mais qu'ils sont toujours fermes, ajoutez la patate douce. Portez à nouveau à ébullition, puis laissez cuire 20 à 30 min.

Finalisation

8 Versez un peu de farine de pois chiche dans un bol, puis ajoutez de l'eau jusqu'à l'obtention d'une mixture qui ressemble à une pâte à crêpe. Mettez la chapelure panko dans une assiette. Faites chauffer un bain d'huile de friture à 180 °C dans une sauteuse ou une friteuse.

9 Plongez les croquettes les unes après les autres dans la pâte, puis roulez-les dans la chapelure. Faites frire les boulettes. Servez accompagné du ragoût de légumes.

POUR
4 PERSONNES

PRÉPARATION
20 MIN

CUISSON
15 MIN

800 g de pommes de terre à chair ferme

5 poignées de roquette

4 tranches de truite fumée

1 échalote

4 c. à s. d'huile d'olive

1 c. à s. de jus de citron

1 c. à c. bombée de moutarde

10 cl de vin blanc sec

Ciboulette

Vinaigrette

3 c. à s. d'huile d'olive

1 c. à s. de vinaigre balsamique

½ c. à c. de miel

½ c. à c. de moutarde

Sel

Poivre

Salade de pommes de terre, truite fumée et roquette

1 Pelez l'échalote et émincez-la. Épluchez les pommes de terre et lavez-les.

2 Mettez les pommes de terre dans une casserole, couvrez d'eau froide, ajoutez un peu de gros sel et portez à ébullition. Baissez le feu et laissez cuire à frémissement jusqu'à ce que les pommes de terre soient cuites, soit environ 15 min. Vérifiez la cuisson avec la pointe d'un couteau, les pommes de terre doivent être tendres.

3 Pendant ce temps, mélangez dans un petit bol l'échalote émincée, l'huile d'olive, le jus de citron et la moutarde.

4 Égouttez les pommes de terre, coupez-les en morceaux et mettez-les dans un grand bol. Ajoutez 10 cl de vin blanc sec et mélangez délicatement. Ajoutez le contenu du petit bol et mélangez à nouveau.

5 Préparez la vinaigrette pour la roquette. Mélangez dans un bol l'huile d'olive, le vinaigre balsamique, le miel, la moutarde, un peu de sel et de poivre.

6 Ciselez la ciboulette avec une paire de ciseaux au-dessus de la salade de pommes de terre et mélangez. Détaillez la truite fumée en lanières et ajoutez-les aux pommes de terre.

7 Dans un saladier, mélangez la roquette avec la vinaigrette puis répartissez sur 4 assiettes. Recouvrez de salade de pommes de terre et de truite fumée.

RECETTE VÉGANE

POUR
4 PERSONNES
PRÉPARATION
15 MIN
CUISSON
30 MIN
REPOS
24 H

1 botte de radis roses avec les fanes

Pickles de radis

20 cl d'eau

20 cl de vinaigre de cidre ou blanc

50 g de sucre

1 c. à s. de poivre noir en grains

2 feuilles de laurier

½ c. à c. de sel fin

Velouté

1 oignon

3 pommes de terre à chair farineuse

2 c. à s. d'huile d'olive

40 cl de bouillon de légumes

10 cl de lait de coco

Sel

Poivre

Velouté de pommes de terre et fanes de radis, pickles de radis rose

Pickles de radis

1 La veille, lavez abondamment les radis, essuyez-les, retirez les tiges et coupez-les en fines rondelles. Réservez les fanes. Placez les rondelles de radis dans un bocal hermétique.

2 Dans une casserole, faites chauffer l'eau avec le vinaigre, le sucre, le poivre, le laurier et le sel. Faites bouillir 1 min puis versez ce mélange sur les radis. Fermez le couvercle et laissez reposer au réfrigérateur 24 h au minimum.

Velouté

3 Le jour même, pelez l'oignon et coupez-le en morceaux. Hachez grossièrement les fanes de radis. Épluchez les pommes de terre, rincez-les et coupez-les en morceaux.

4 Dans une casserole, faites revenir l'oignon émincé dans l'huile pendant 5 min puis ajoutez les pommes de terre en morceaux et recouvrez du bouillon de légumes chaud. Couvrez et laissez mijoter à feu moyen pendant 15 min.

5 Après 15 min, ajoutez les fanes de radis, mélangez, couvrez à nouveau et poursuivez la cuisson 5 à 10 min, jusqu'à ce que les pommes de terre soient cuites. Ajoutez le lait de coco, mélangez et mixez le tout. Servez avec les pickles de radis.

POUR
4 PERSONNES
PRÉPARATION
20 MIN
CUISSON
20 MIN

800 g de patates douces
1 sachet de pousses d'épinard
½ concombre
200 g de quinoa
1 c. à c. de sel
1 c. à s. d'huile d'olive
40 g de graines de tournesol

Sauce
1 c. à s. de beurre de cacahuète
1 c. à s. de sauce soja sucrée
1 c. à s. de vinaigre de riz
3 c. à s. d'eau

Houmous de betterave
80 g de betterave cuite
230 g de pois chiches cuits
1 gousse d'ail
2 c. à s. de tahiné
2 c. à s. d'huile d'olive
Le jus de 1 citron vert
Sel

RECETTE VEGANE · RECETTE VEGANE

Buddha bowl au quinoa, patates douces, pousses d'épinard et houmous de betterave

1 Épluchez les patates douces et coupez-les en dés. Lavez les pousses d'épinard. Lavez et détaillez le concombre en petits dés.

2 Faites cuire les dés de patates douces à la vapeur 10 à 15 min. Ils doivent être tendres mais encore se tenir.

3 Rincez le quinoa, mettez-le dans une casserole avec 40 cl d'eau, ajoutez 1 c. à c. de sel et portez à ébullition. Baissez le feu et faites cuire jusqu'à absorption de l'eau, ce qui prend environ 10 min. Ôtez le quinoa du feu, couvrez et laissez reposer 5 min. Égrenez-le à l'aide d'une fourchette, versez-le dans un saladier, ajoutez 1 c. à s. d'huile d'olive et mélangez.

4 Dans un petit bol, mélangez tous les ingrédients de la sauce.

5 Préparez le houmous de betterave : rincez les pois chiches, mettez-les dans un bol d'un robot mixeur avec l'ail râpé, mixez pour obtenir un mélange grossier. Ajoutez la betterave cuite, le tahiné, l'huile d'olive, du sel, le jus de citron vert et mixez à nouveau, jusqu'à obtenir une purée onctueuse. Ajoutez éventuellement un peu d'eau chaude si le mélange est trop épais. Goûtez et rectifiez l'assaisonnement si nécessaire.

6 Dans 4 bols, répartissez le quinoa, les dés de patates douces, le concombre, les pousses d'épinard, le houmous et les graines de tournesol. Servez avec la sauce.

RECETTE VEGGIE · RECETTE VEGGIE ·

POUR
4 PERSONNES
PRÉPARATION
15 MIN
CUISSON
20 MIN

1 kg de pommes de terre nouvelles
2 bottes d'asperges vertes
150 g de mâche
80 g de copeaux de parmesan
Huile d'olive

Vinaigrette
5 c. à s. d'huile d'olive
2 c. à s. de vinaigre balsamique
½ c. à c. de miel
½ c. à c. de moutarde
Sel
Poivre

Salade de pommes de terre nouvelles, asperges et mâche

1 Lavez soigneusement les pommes de terre, les asperges et la mâche.

2 Coupez les pommes de terre en deux puis faites-les cuire à la vapeur 15 min environ. Vérifiez la cuisson avec la pointe d'un couteau, les pommes de terre doivent être tendres.

3 Pendant ce temps, retirez les extrémités des asperges puis faites-les cuire à la vapeur environ 5 min. Il faut qu'elles soient encore croquantes.

4 Préparez la vinaigrette en mélangeant tous les ingrédients dans un petit bol.

5 Une fois les asperges cuites, faites chauffer 2 c. à s. d'huile dans une poêle à feu moyen à vif et ajoutez-y les asperges pour les faire dorer quelques instants.

6 Dans un saladier, mélangez la mâche et les pommes de terre avec la vinaigrette, puis répartissez dans 4 assiettes. Parsemez de quelques morceaux d'asperges et de copeaux de parmesan.

POUR
4 PERSONNES
PRÉPARATION
15 MIN
CUISSON
35 MIN

3 grosses patates douces ou 4 moyennes
500 g de blancs de poireaux
25 g de beurre
1 pincée de noix de muscade râpée
20 cl de crème liquide
Huile d'olive
50 g de parmesan râpé
Sel
Poivre

Toasts de patates douces
à la fondue de poireaux

1 Épluchez les patates douces, puis coupez-les en 6 à 8 tranches de 1 cm d'épaisseur dans la longueur. Fendez les blancs de poireaux en deux, lavez-les puis coupez-les en tronçons de 2 cm.

2 Dans une grande sauteuse, faites fondre le beurre, ajoutez les blancs de poireaux et faites-les revenir à feu moyen pendant 5 min. Salez, ajoutez un peu de noix de muscade râpée, la crème liquide et mélangez. Faites cuire à feu doux environ 20 min. À l'issue des 20 min de cuisson, goûtez la fondue de poireaux et rectifiez l'assaisonnement si nécessaire.

3 Préchauffez le four à 200 °C. Déposez les tranches de patates douces sur une plaque de cuisson, puis badigeonnez-les d'huile d'olive. Enfournez et faites cuire pendant 12 min environ. Ajoutez de la fondue de poireaux sur chaque tranche, parsemez de parmesan râpé, puis enfournez à nouveau quelques minutes pour faire gratiner le fromage.

POUR
4 PERSONNES
PRÉPARATION
10 MIN
CUISSON
20 MIN

6 à 8 pommes de terre à chair ferme
½ botte de cresson
1 radicchio
120 g d'edamames cuits
½ botte de ciboulette

Vinaigrette
3 c. à s. d'huile de noix
2 c. à s. de vinaigre de Xérès
1 c. à s. de moutarde à l'ancienne
1 c. à c. de miel liquide
2 c. à s. de jus d'orange
Poivre

Salade de pommes de terre, cresson, edamames et radicchio

1 Portez à ébullition une grande casserole d'eau salée et plongez-y les pommes de terre entières. Faites-les cuire 20 min environ, jusqu'à ce qu'elles soient tendres. Égouttez-les, attendez qu'elles refroidissent puis coupez-les en dés.

2 Pendant ce temps, lavez le cresson et épluchez et ciselez le radicchio. Placez le tout dans un grand saladier. Ajoutez les edamames et les pommes de terre.

3 Dans un récipient, préparez la vinaigrette en mélangeant tous les ingrédients. Versez la vinaigrette sur la salade, ajoutez la ciboulette finement ciselée et mélangez le tout. Servez immédiatement.

POUR
4 PERSONNES
PRÉPARATION
10 MIN
CUISSON
40 MIN

8 grosses pommes de terre à chair farineuse

4 tranches de saumon fumé

Huile d'olive

Herbes de Provence

Pignons de pin

Sel

Poivre

Crème à l'aneth

8 c. à s. de yaourt grec

Aneth frais

Sel

Poivre

Smashed potatoes, saumon fumé et crème à l'aneth

1 Lavez les pommes de terre et brossez-les. Faites-les cuire dans une grande casserole d'eau bouillante salée pendant 15 min environ. Les pommes de terre doivent être cuites mais encore légèrement fermes.

2 Préchauffez le four à 220 °C.

3 Égouttez les pommes de terre et déposez-les sur une plaque recouverte de papier cuisson. Écrasez-les à l'aide du fond d'un verre. Ajoutez un filet d'huile d'olive, du sel, du poivre et des herbes de Provence. Enfournez et faites cuire 25 min. Les pommes de terre doivent être dorées.

4 Pendant ce temps, préparez la crème à l'aneth en mélangeant tous les ingrédients.

5 Torréfiez les pignons de pin dans une poêle et réservez.

6 Lorsque les pommes de terre sont cuites, servez-les avec la crème à l'aneth, les tranches de saumon fumé coupées en deux et les pignons de pin torréfiés. Dégustez immédiatement.

POUR
4 À 6 PERSONNES

PRÉPARATION
20 MIN

CUISSON
40 MIN

1,2 kg de pommes de terre à chair fondante

1 oignon

5 cl d'huile d'olive

4 gousses d'ail

2 cm de gingembre frais

1 c. à c. de garam masala

1 c. à c. de curry en poudre ou en pâte

1 c. à c. de curcuma moulu

1 petit bout de piment fort (facultatif)

2 yaourts

2 branches de persil plat

Sel

Pommes de terre au yaourt à l'indienne

1 Portez à ébullition une grande casserole d'eau salée et plongez-y les pommes de terre entières. Faites-les cuire 20 min environ, égouttez-les, laissez refroidir puis épluchez-les. Coupez-les en lamelles de taille moyenne.

2 Pelez et émincez finement l'oignon et faites-le revenir à feu moyen dans une poêle à l'huile d'olive avec l'ail et le gingembre pelés et hachés. Ajoutez les épices et laissez mijoter en rajoutant un peu d'eau pour obtenir une pâte nappante. Ajoutez les yaourts et mélangez bien, pour obtenir une sauce homogène. Ajoutez les pommes de terre, assaisonnez et réchauffez-les dans la sauce.

3 Au moment de servir, saupoudrez de persil plat haché et dégustez chaud.

POUR
4 PERSONNES
PRÉPARATION
20 MIN
CUISSON
30 MIN

Velouté

450 g de patates douces
2 carottes
2 branches de céleri
1 oignon
2 blancs de poireaux
Huile d'olive
1 c. à s. de curry
75 cl de bouillon de légumes
15 cl de soja cuisine
Le jus de ½ citron
Sel

Granola salé

150 g de flocons d'avoine entiers
45 g de noisettes
35 g de graines de tournesol
1 c. à c. d'épices mexicaines
1 c. à c. de graines de cumin
½ c. à c. de fleur de sel
20 g de parmesan râpé
1 blanc d'œuf
4 c. à s. d'huile d'olive

Velouté de patates douces, granola salé

Velouté

1 Épluchez les patates douces, les carottes et le céleri, et coupez-les en dés. Pelez et émincez l'oignon. Lavez et émincez les blancs de poireaux.

2 Dans une cocotte, faites chauffer 1 c. à s. d'huile d'olive, ajoutez l'oignon émincé, les blancs de poireaux ciselés et les dés de carottes et de céleri. Faites-les revenir sur feu doux pendant 8 min. Ajoutez le curry, mélangez, ajoutez les dés de patates douces, le bouillon de légumes, un peu de sel, portez à ébullition, couvrez et baissez le feu. Laissez mijoter pendant environ 20 min, jusqu'à ce que les légumes soient bien tendres.

3 Mixez les légumes avec le soja cuisine, ajoutez le jus de citron, goûtez et rectifiez éventuellement l'assaisonnement.

Granola salé

4 Versez dans un bol les flocons d'avoine, les noisettes légèrement concassées, les graines de tournesol, les épices mexicaines, les graines de cumin, la fleur de sel et le parmesan râpé. Ajoutez le blanc d'œuf, mélangez, ajoutez l'huile d'olive et mélangez à nouveau. Versez ce mélange sur une plaque recouverte de papier cuisson et enfournez pour 20 min à 165 °C. Mélangez une fois durant la cuisson.

5 Servez le velouté bien chaud dans 4 bols, avec le granola salé.

RECETTE VEGGIE · RECETTE VEGGIE

POUR
4 PERSONNES
PRÉPARATION
20 MIN
CUISSON
50 MIN

4 grosses pommes de terre à chair farineuse

Gros sel de mer

Farce

1 oignon

5 cl d'huile d'olive

250 g d'épinard

250 g de vert de blettes

40 g de tomates confites

12 très bonnes olives noires

¼ de citron confit

Parmesan râpé

Sel

Piment d'Espelette

Pommes de terre farcies printanières

1 Portez à ébullition une grande casserole d'eau salée et plongez-y les pommes de terre entières. Faites-les cuire 20 min environ. Vérifiez la cuisson avec la pointe d'un couteau, les pommes de terre doivent être tendres.

2 Préchauffez le four à 180 °C.

3 Pelez et émincez l'oignon et faites-le revenir 10 min à feu doux dans une poêle avec un filet d'huile d'olive. Ajoutez les feuilles d'épinard et le vert de blettes coupé en chiffonnade. Assaisonnez, puis ajoutez les tomates confites. Laissez cuire une dizaine de minutes et ajoutez les olives et le citron confit.

4 Creusez les pommes de terre et mélangez la pulpe récoltée au mélange de légumes.

5 Garnissez les pommes de terre avec la farce. Saupoudrez de parmesan et enfournez vos pommes de terre 10 min environ pour les gratiner.

POUR
4 PERSONNES
PRÉPARATION
20 MIN
CUISSON
30 MIN

500 de patates douces
300 g de lentilles blondes
Huile d'olive
1 c. à s. de vinaigre balsamique
Ciboulette ciselée
Sel
Poivre

Lentilles aux patates douces rôties

1 Épluchez et coupez les patates douces en dés. Versez-les dans un plat avec 2 c. à s. d'huile d'olive et un peu de sel. Mélangez et enfournez pour 20 min environ, en mélangeant une fois pendant la cuisson. Les dés de patate douce doivent être tendres et dorés.

2 Rincez les lentilles, versez-les dans une casserole, couvrez de 60 cl d'eau et portez à ébullition. Baissez le feu puis laissez mijoter jusqu'à ce que les lentilles soient tendres, soit 20 min environ. Lorsqu'elles sont cuites, égouttez les lentilles, versez-les dans un saladier et ajoutez 3 c. à s. d'huile d'olive, 1 c. à s. de vinaigre balsamique, salez, poivrez et mélangez. Goûtez et rectifiez l'assaisonnement si nécessaire.

3 Mélangez les lentilles et les patates douces. Ajoutez la moitié de la ciboulette ciselée, mélangez, goûtez et rectifiez l'assaisonnement si nécessaire avant de servir.

POUR
4 PERSONNES
PRÉPARATION
10 MIN
CUISSON
30 MIN

4 carottes

2 grosses pommes de terre à chair fondante

100 g de céleri-rave

2 oignons

100 g de lardons

150 g de petits pois (surgelés ou frais)

1 branche de thym

2 feuilles de laurier

1 c. à c. de sucre

1 cube de bouillon de volaille

Sel

Poivre

Jardinière de légumes

1 Épluchez les carottes, les pommes de terre, le céleri-rave et les oignons. Détaillez-les en petits dés réguliers de 0,5 cm environ.

2 Faites chauffer une cocotte sur feu vif et ajoutez-y les oignons et les lardons, et faites-les revenir 5 min. Ajoutez les carottes, les pommes de terre, le céleri et les petits pois. Couvrez d'eau à hauteur, ajoutez le thym, le laurier, le sucre, le cube de bouillon, du sel et du poivre. Laissez mijoter pendant 30 min à feu doux. Servez chaud.

POUR
4 PERSONNES

PRÉPARATION
25 MIN

CUISSON
1 H

Tomates rôties

1 kg de tomates de plein champ

5 cl d'huile d'olive

10 gousses d'ail

1 branche de thym

1 branche de romarin

1 branche de sauge

Sel

Poivre

Écrasé de pommes de terre au fenouil

1 kg de pommes de terre à chair farineuse

1 fenouil

20 cl de lait

5 cl d'huile d'olive

100 g d'emmental râpé

RECETTE VEGGIE

Parmentier de pommes de terre aux tomates rôties

1 Préchauffez le four à 220 °C.

2 Coupez les tomates en gros dés et mettez-les dans un plat à gratin avec l'huile d'olive, les gousses d'ail entières, le thym, le romarin et la sauge. Assaisonnez et enfournez 20 à 30 min pour rôtir les tomates.

3 Épluchez les pommes de terre. Découpez-les avec le fenouil en gros dés et faites-les cuire ensemble dans l'eau bouillante salée environ 20 min. Vérifiez la cuisson avec la pointe d'un couteau puis égouttez. Écrasez les pommes de terre et le fenouil grossièrement, puis ajoutez le lait chaud et l'huile d'olive.

4 Versez les tomates rôties dans un plat à gratin et ajoutez par-dessus l'écrasé de pommes de terre au fenouil. Lissez la surface et saupoudrez d'emmental râpé. Gratinez au four 30 min à 180 °C.

POUR
4 PERSONNES

PRÉPARATION
20 MIN

CUISSON
1 H

1 kg de pommes de terre à chair ferme

4 cuisses de poulet

1 filet d'huile d'olive

200 g d'échalotes

250 g de champignons de Paris

10 cl de vin blanc sec

50 cl de bouillon de volaille

¼ de botte d'estragon

100 g de crème fraîche épaisse

Sel

Poivre du moulin

Sauté de volaille aux champignons et à l'estragon, pommes vapeur

1 Séparez le pilon et l'arrière des cuisses de poulet à l'aide d'un couteau. Salez les morceaux et faites-les colorer dans une cocotte à feu vif avec un filet d'huile d'olive.

2 Pelez et émincez les échalotes, coupez les champignons de Paris en lamelles et ajoutez-les dans la cocotte. Faites revenir le tout sur feu moyen pendant 20 min environ. Ajoutez le vin blanc et laissez-le réduire de moitié. Versez le bouillon, l'estragon haché et la crème fraîche. Laissez mijoter 30 min à couvert.

3 Pendant ce temps, épluchez les pommes de terre et faites-les cuire à la vapeur pendant 15 min environ. Vérifiez la cuisson avec la pointe d'un couteau, les pommes de terre doivent être tendres. Égouttez-les.

4 Goûtez et rectifiez l'assaisonnement du sauté de volaille si nécessaire, et servez bien chaud avec les pommes vapeur.

POUR
3 À 4 PERSONNES
PRÉPARATION
10 MIN
CUISSON
35 MIN

1 grosse patate douce
2 c. à s. d'huile d'olive
3 feuilles de laurier
100 g de pignons de pin
100 g de graines de courge
1 salade
1 bûche de chèvre cendrée
Sel
Poivre

Vinaigrette
1 c. à s. de moutarde
2 c. à s. de vinaigre de miel
5 c. à s. d'huile de tournesol
1 échalote
Sel
Poivre

Salade de patates douces et chèvre cendré

1 Épluchez et rincez la patate douce. Taillez-la en petits dés et faites-les cuire 15 min dans de l'eau bouillante.

2 Préchauffez le four à 210 °C.

3 Égouttez les dés de patate douce, puis placez-les sur une plaque recouverte de papier cuisson. Versez l'huile d'olive sur le tout, ajoutez les feuilles de laurier, salez et poivrez. Enfournez pour 15 min à 210 °C.

4 Pendant ce temps, faites revenir les pignons de pin et les graines de courge dans une poêle à feu vif pendant 4 à 5 min.

5 Lavez et essorez la salade, ajoutez le fromage de chèvre émietté, les graines de courge, les pignons de pin et les morceaux de patate douce rôtis.

6 Préparez la vinaigrette en mélangeant la moutarde avec le vinaigre de miel. Ajoutez l'huile de tournesol, salez et poivrez. Pelez et émincez l'échalote, puis ajoutez-la.

7 Versez la vinaigrette sur la salade au moment de servir.

POUR
4 PERSONNES

PRÉPARATION
1 H

CUISSON
40 MIN

4 dos de cabillaud

Court-bouillon

150 g de carottes

150 g d'oignons

1 bouquet garni

50 cl de vin blanc

25 g de gros sel

1 c. à c. de poivre en grains

Pommes à l'anglaise

1 kg de pommes de terre à chair ferme

Gros sel

Beurre blanc

2 échalotes

20 cl de vin blanc

10 cl de vinaigre de vin blanc

120 g de beurre

Finition

40 g de persil

Sel

Piment de Cayenne

Dos de cabillaud poché, beurre blanc, pommes à l'anglaise

Court-bouillon

1 Épluchez et émincez finement les carottes. Pelez les oignons puis émincez-les.

2 Portez à ébullition une grande casserole d'eau et plongez-y les carottes avec le bouquet garni pendant 5 min. Ajoutez les oignons et poursuivez la cuisson à petite ébullition pendant 2 min. Ajoutez le vin blanc, le sel, le poivre et faites cuire 20 min à frémissement. Laissez refroidir.

Pommes de terre à l'anglaise

3 Tournez les pommes de terre à la grosseur d'un œuf avec un petit couteau d'office. Pour cela, tenez votre pomme de terre dans une main et votre couteau d'office dans l'autre, et épluchez par bandes de bas en haut de manière à donner une forme oblongue à votre pomme de terre.

4 Placez les pommes de terre sur une même épaisseur dans une sauteuse et ajoutez de l'eau froide à 2 cm au-dessus des pommes de terre. Salez avec 1 c. à s. de gros sel, puis laissez cuire à frémissement durant 20 min environ. Testez la cuisson, égouttez et réservez.

Cuisson du poisson

5 Plongez les dos de cabillaud dans le court-bouillon frémissant, baissez le feu et laissez pocher tout doucement pendant 8 à 10 min en fonction de l'épaisseur.

Beurre blanc

6 Pelez et ciselez l'échalote. Dans une casserole, versez le vin blanc, le vinaigre, l'échalote et laissez réduire à sec, sans coloration. Ajoutez 2 c. à s. d'eau froide, portez à ébullition et incorporez le beurre froid petit à petit en remuant la casserole en mouvements de va-et-vient. Rectifiez l'assaisonnement et gardez près du feu, mais sans laisser bouillir.

Dressage

7 Disposez 3 pommes de terre par assiette. Égouttez les dos de cabillaud et dressez-les au centre. Ajoutez quelques petits bouquets de persil frais et quelques légumes cuits dans le court-bouillon en décor. Servez la sauce à côté ou à part en saucière.

POUR
4 PERSONNES

PRÉPARATION
30 MIN

CUISSON
45 MIN

800 g de pommes de terre à chair farineuse

2 kg de courgettes

600 g filet de saumon

2 gousses d'ail

2 échalotes

Huile d'olive

Bouquet garni

1 c. à s. de chapelure

2 c. à s. de parmesan râpé

Parmentier de pommes de terre, courgettes et saumon

1 Épluchez les pommes de terre et coupez-les en morceaux. Lavez les courgettes et coupez-les en gros morceaux. Pelez et coupez grossièrement les gousses d'ail et les échalotes.

2 Faites revenir l'ail, les échalotes, les pommes de terre et les courgettes dans une poêle avec un peu d'huile d'olive pendant 15 min tout en mélangeant régulièrement. Laissez refroidir.

3 Réduisez le tout en purée à l'aide d'un presse-purée, et égouttez dans une passoire fine quelques instants afin de dégorger l'eau rendue par la courgette. Réservez.

4 Portez à ébullition une casserole d'eau et plongez-y le saumon pendant 8 à 10 min avec le bouquet garni. Égouttez-le sur du papier absorbant, puis émiettez-le à l'aide d'une fourchette.

5 Préchauffez le four à 200 °C. Dans un plat à gratin, déposez le saumon émietté, puis recouvrez de purée. Parsemez de chapelure et de parmesan, puis enfournez pour 20 min, jusqu'à ce que le parmentier soit bien doré.

POUR
4 PERSONNES
PRÉPARATION
25 MIN
CUISSON
1 H
REPOS
10 MIN

600 g de patates douces
250 g de petit épeautre
3 c. à s. d'huile d'olive
Sel

Chermoula
4 poignées de pluches de coriandre
4 poignées de pluches de persil plat
1 gousse d'ail
3 c. à c. de paprika
3 c. à c. de cumin moulu
Le jus de ½ citron vert

Sauce au tahiné
3 c. à s. de tahiné
Le jus de ½ citron vert
1 c. à c. d'ail en poudre
¼ de c. à c. de sel
4 c. à s. d'eau chaude
1 yaourt de brebis

Salade de petit épeautre aux patates douces rôties à la chermoula, sauce au tahiné

1 Rincez le petit épeautre, mettez-le dans une casserole avec 75 cl d'eau. Portez à ébullition, baissez le feu puis laissez mijoter à couvert pendant environ 1 h.

2 Pendant ce temps, pelez les patates douces et lavez-les. Coupez-les en dés de 3 cm, mettez-les dans un plat allant au four avec 1 c. à s. d'huile d'olive, salez, mélangez puis enfournez à 200 °C pendant 20 à 30 min, en mélangeant une fois durant la cuisson.

3 Préparez la chermoula. Mettez tous les ingrédients de la chermoula dans un mixeur et mixez jusqu'à obtenir la consistance d'un hachis.

4 Quand les patates douces sont cuites, versez-les dans un saladier, ajoutez la chermoula et mélangez.

5 Dans un bol, mélangez le tahiné, le jus de citron vert, l'ail en poudre et le sel pour la sauce au tahiné. Délayez petit à petit avec l'eau chaude, afin d'obtenir une sauce bien crémeuse. Ajoutez le yaourt de brebis et mélangez.

6 Quand le petit épeautre est cuit, salez puis laissez reposer 10 min hors du feu. Égouttez si nécessaire, puis ajoutez-le aux patates douces. Répartissez dans 4 assiettes et servez avec la sauce au tahiné.

RECETTE VÉGANE · RECETTE VÉGANE

POUR
4 PERSONNES

PRÉPARATION
20 MIN

CUISSON
45 MIN

- 600 g de pommes de terre à chair ferme
- 1 gros oignon
- 6 gousses d'ail
- 1 fenouil
- 5 cl d'huile d'olive
- 1 branche de thym
- 1 à 2 g de safran
- 1 verre de vin blanc sec
- 1 l de bouillon de légumes
- Le zeste de 1 orange
- 1 botte d'asperges vertes
- Sel
- Piment d'Espelette

Mijoté de pommes de terre et asperges vertes

1 Pelez et émincez l'oignon et les gousses d'ail. Épluchez et coupez les pommes de terre en dés de 2 cm. Lavez et émincez le fenouil en fines tranches.

2 Dans une grande sauteuse, faites revenir l'oignon doucement à l'huile d'olive avec la branche de thym pendant une dizaine de minutes. Ajoutez l'ail et le safran et faites revenir 2 à 3 min. Ajoutez les pommes de terre coupées en dés de 2 cm et le fenouil coupé en fines tranches. Assaisonnez. Déglacez au vin blanc et laissez réduire de moitié. Versez le bouillon et le zeste d'orange. Faites cuire à couvert pendant une vingtaine de minutes.

3 Ajoutez les asperges coupées en deux et laissez cuire une dizaine de minutes de plus à couvert. Assaisonnez. Servez aussitôt.

POUR
4 PERSONNES

PRÉPARATION
20 MIN

CUISSON
45 MIN

800 g de pommes de terre à chair farineuse

30 cl de lait

1 pincée de noix de muscade râpée

1 oignon

8 gousses d'ail

600 g de courgettes

10 cl d'huile d'olive

12 feuilles de menthe

100 g de parmesan râpé

100 g de chapelure

Sel

Piment d'Espelette

Gratin de pommes de terre et courgettes au parmesan

1 Épluchez et coupez les pommes de terre en gros dés. Portez à ébullition un grand volume d'eau salée et faites-les cuire pendant 10 min environ. Vérifiez la cuisson avec la pointe d'un couteau. Égouttez-les et écrasez-les à l'aide d'un presse-purée. Incorporez le lait chaud avec une pointe de muscade râpée, du sel et du piment d'Espelette. Faites une purée rustique.

2 Pelez et émincez l'oignon et l'ail. Lavez et découpez les courgettes en dés.

3 Faites colorer les dés de courgette dans une cocotte avec l'oignon haché et l'huile d'olive pendant une dizaine de minutes. Hors du feu, ajoutez l'ail haché et la menthe fraîche ciselée.

4 Préchauffez le four à 180 °C. Mélangez la purée de pommes de terre avec les courgettes et vérifiez l'assaisonnement.

5 Mettez le tout dans un plat à gratin et lissez la surface. Saupoudrez de parmesan et de chapelure et gratinez au four à 180 °C pendant 30 min environ.

POUR
4 PERSONNES

PRÉPARATION
25 MIN

CUISSON
30 MIN

600 g de pommes de terre à chair ferme

3 branches de thym

4 escalopes de dinde

150 g de fromage frais ail et fines herbes

Huile d'olive

Sel

Escalope de dinde
roulée au fromage frais et pommes de terre rôties

1 Préchauffez le four à 190 °C. Épluchez et lavez les pommes de terre. Coupez-les en dés de 3 cm, versez-les dans un grand plat à gratin, ajoutez 2 c. à s. d'huile d'olive, un peu de sel et le thym effeuillé. Mélangez et enfournez pour une trentaine de minutes en mélangeant une fois durant la cuisson. Les pommes de terre doivent être bien dorées.

2 Ouvrez les escalopes de dinde à plat, et étalez sur chacune 1 c. à s. de fromage ail et fines herbes. Roulez-les puis maintenez-les à l'aide d'une pique en bois.

3 10 min avant la fin de la cuisson des pommes de terre, faites chauffer 2 c. à s. d'huile d'olive dans une poêle. Ajoutez les escalopes roulées et faites-les revenir pendant 10 min sur feu moyen, en les faisant rouler de temps en temps. Servez avec les pommes de terre rôties au thym.

Chapitre 4
Familial

POUR
4 PERSONNES
PRÉPARATION
15 MIN
CUISSON
25 MIN

90 g de patate douce
25 cl de lait végétal de noisette
150 g de farine de sarrasin ou de châtaigne
2 c. à s. de sirop d'érable
Un peu d'huile végétale (de coco par exemple)

Accompagnement
Quelques tranches de saumon fumé
Un pot de bonne crème fraîche
1 citron

Pancakes à la patate douce

1 Portez à ébullition une casserole d'eau, et faites-y cuire la patate douce pendant 15 min. Égouttez. Laissez refroidir puis épluchez la patate douce.

2 À l'aide d'un robot mixeur, mixez la patate douce avec le lait végétal, la farine et le sirop d'érable jusqu'à l'obtention d'une pâte bien lisse.

3 Faites chauffer un poêle antiadhésive avec un peu d'huile végétale. Déposez-y une louche de pâte, attendez que la pâte forme des bulles à la surface, puis retournez le pancake et laissez cuire 1 min supplémentaire. Recommencez l'opération jusqu'à épuisement de la pâte.

4 Servez les pancakes avec une tranche de saumon fumé, de la crème fraîche et du jus de citron pressé.

POUR
4 PERSONNES
PRÉPARATION
20 MIN
CUISSON
25 MIN

400 g de pommes de terre à chair farineuse
12 portions de Vache qui rit®
2 c. à s. de persil plat
4 feuilles de brick
60 g d'huile d'olive
Sel
Poivre

Bricks de pommes
de terre à la Vache qui rit

1 Épluchez les pommes de terre et coupez-les en gros dés.

2 Portez à ébullition une casserole d'eau salée, et faites cuire les pommes de terre pendant 15 min. Égouttez-les, puis écrasez-les avec le fromage et le persil plat haché pour en faire une purée grossière. Laissez tiédir.

3 Badigeonnez les feuilles de brick d'huile d'olive. Placez 2 c. à s. de purée au centre de chaque feuille, puis rabattez les côtés de façon à plier la feuille de brick en carré.

4 Faites cuire vos bricks à la poêle 2 min de chaque côté avec un filet d'huile d'olive pour les colorer.

POUR
6 PERSONNES
PRÉPARATION
15 MIN
CUISSON
40 MIN

500 g de pommes de terre à chair fondante
1 oignon jaune
8 œufs entiers
6 c. à s. d'huile d'olive
1 c. à c. de paprika
Sel
Poivre

Tortilla de patatas

1 Pelez l'oignon, émincez-le finement et faites-le suer dans une sauteuse antiadhésive avec l'huile d'olive à feu moyen pendant 4 min.

2 Épluchez les pommes de terre et coupez-les en tranches de 0,5 cm. Ajoutez-les aux oignons dans la sauteuse. Faites-les cuire à feu doux environ 25 à 30 min pour les faire confire lentement.

3 Dans un cul-de-poule, cassez les œufs et battez-les avec le paprika, du sel et du poivre. Versez les œufs battus dans la sauteuse et laissez cuire à feu très doux, à couvert, pendant 10 min.

4 Ôtez le couvercle et vérifiez que la partie supérieure de la tortilla est un peu ferme, puis retournez-la sur une assiette plate. Remettez ensuite la tortilla renversée dans la sauteuse. Augmentez légèrement la source de chaleur pour la faire dorer. Dégustez immédiatement.

Pensez à bien huiler la sauteuse pour que les oignons et les œufs n'accrochent pas. Aidez-vous d'une maryse pour décoller les parois de la tortilla.

RECETTE VEGGIE

POUR
4 PERSONNES

PRÉPARATION
15 MIN

CUISSON
25 MIN

300 g de pommes de terre à chair fondante

2 œufs

80 g de farine

80 g de parmesan râpé

1 c. à s. de persil

50 g de crème fraîche épaisse

Sel

Poivre

Paprika

Crème ciboulette

10 cl de crème liquide entière

10 g de ciboulette

Sel

Poivre

Gaufres de pommes de terre

1 Épluchez les pommes de terre et râpez-les.

2 Dans un bol, fouettez les œufs, ajoutez la farine, le parmesan et le persil haché. Versez les pommes de terre râpées dans le mélange, assaisonnez de sel, de poivre et de paprika, puis mélangez. Incorporez la crème fraîche et mélangez à nouveau.

3 Graissez le gaufrier et faites-le chauffer. Faites cuire les gaufres 3 à 4 min dans le gaufrier, jusqu'à épuisement de la préparation.

4 À l'aide d'un fouet électrique, montez la crème liquide en chantilly bien ferme. Coupez finement la ciboulette et incorporez-la, salez et poivrez. Surmontez chaque gaufre d'une quenelle de crème à la ciboulette et servez sans attendre.

POUR
4 PERSONNES
PRÉPARATION
20 MIN
CUISSON
30 MIN

3 pommes de terre à chair farineuse
2 épis de maïs
1 échalote
3 gousses d'ail
1 courgette jaune
4 tranches de bacon
Beurre
1 c. à s. de miel
1 l de bouillon de légumes
15 cl de crème liquide
120 g d'emmental râpé ou cheddar râpé
2 c. à s. de ciboulette
Sel
Poivre

Corn chowder

1 Pelez l'échalote et l'ail et émincez-les finement. Épluchez les pommes de terre, rincez-les, séchez-les et coupez-les en dés. Épluchez les épis de maïs pour ne récupérer que les grains. Rincez la courgette, séchez-la et coupez-la en rondelles.

2 Dans une grande casserole, faites revenir les tranches de bacon, jusqu'à ce qu'elles soient dorées et croustillantes. Réservez.

3 Dans la même casserole, faites fondre un peu de beurre et faites-y revenir l'échalote et les rondelles de courgette. Faites revenir le tout environ 8 min. Ajoutez ensuite l'ail, les grains de maïs, les pommes de terre et le miel, et faites revenir à nouveau 5 min. Couvrez avec le bouillon de légumes chaud, salez et poivrez. Mélangez, couvrez et laissez mijoter 15 à 20 min.

4 Mixez les ¾ de la préparation dans un robot mixeur, puis remettez le tout dans la casserole. Ajoutez la crème, le fromage râpé et la ciboulette ciselée. Mélangez et servez avec le bacon grillé.

Galettes de pommes de terre au thon, sauce au fromage blanc

POUR
4 PERSONNES
PRÉPARATION
20 MIN
CUISSON
30 MIN

Galettes de pommes de terre

650 g de pommes de terre à chair farineuse

2 boîtes de thon à l'huile d'olive

1 œuf

2 c. à s. bombées de Maïzena®

4 c. à s. de jus de citron

Sel

Poivre

Sauce au fromage blanc

250 g de fromage blanc

1 bouquet de ciboulette

Sel

Poivre

Accompagnement

1 botte de radis

1 salade mesclun

Vinaigrette

1 Lavez et épluchez les pommes de terre, puis faites-les cuire dans une casserole d'eau bouillante salée pendant environ 15 min. À l'issue de la cuisson, vérifiez en plantant la lame d'un couteau, les pommes de terre doivent être fondantes.

2 Égouttez et versez les pommes de terre dans un saladier. Ajoutez le thon égoutté et 4 c. à s. d'huile de la boîte de thon, puis écrasez le tout à l'aide d'un presse-purée. Le mélange n'a pas besoin d'être complètement lisse. Ajoutez l'œuf, la Maïzena®, le jus de citron, un peu de sel et de poivre et mélangez bien. Goûtez et rectifiez l'assaisonnement si nécessaire.

3 Préchauffez le four à 180 °C. Répartissez le mélange dans des moules à muffins. Enfournez et faites cuire 15 min.

4 Pendant ce temps, salez et poivrez le fromage blanc. Ajoutez de la ciboulette ciselée et mélangez.

5 Lavez le mesclun, lavez et coupez les radis en rondelles, et mélangez le tout avec un peu de vinaigrette. Servez 3 galettes par personne environ, avec de la salade et un peu de sauce au fromage blanc.

POUR
4 PERSONNES
PRÉPARATION
10 MIN
CUISSON
50 MIN

400 g de pommes de terre à chair farineuse
20 cl de lait
40 g de beurre
3 œufs
100 g de fromage Appenzeller
Sel
Poivre
1 pincée de noix de muscade râpée

Soufflé de pommes de terre et Appenzeller

1 Préchauffez le four à 220 °C.

2 Épluchez les pommes de terre et faites-les cuire dans un grand volume d'eau bouillante salée pendant 20 min.

3 Égouttez-les et écrasez-les en purée avec le lait tiède, le beurre, les jaunes d'œufs, du sel, du poivre et de la muscade râpée.

4 Montez les blancs d'œufs en neige jusqu'à ce qu'ils soient bien fermes. Incorporez-les à la purée, ajoutez l'Appenzeller et mélangez délicatement pour ne pas faire retomber les blancs.

5 Versez la préparation dans quatre ramequins beurrés, enfournez et faites cuire 25 à 30 min. Dégustez immédiatement.

RECETTE VEGGIE

POUR
6 PERSONNES
PRÉPARATION
15 MIN
CUISSON
45 MIN

3 pommes de terre à chair farineuse
15 châtaignes environ
250 g de pleurotes
250 g de chanterelles grises
250 g de pieds de mouton
250 g de trompettes de la mort
1 échalote
1 c. à s. d'huile d'olive
20 g de beurre demi-sel
10 cl de crème liquide entière

Velouté de pommes de terre, champignons et châtaignes

1 Préchauffez le four à 180 °C. Incisez les châtaignes, enfournez-les et faites-les cuire 20 min. Laissez-les refroidir à l'issue de la cuisson.

2 Pendant ce temps, lavez tous les champignons. Pelez l'échalote et émincez-la. Épluchez les pommes de terre et coupez-les en petits dés.

3 Faites revenir l'échalote dans l'huile d'olive, puis ajoutez les dés de pommes de terre et les champignons. Ajoutez le beurre demi-sel et faites revenir le tout pendant 10 min environ à feu moyen. Versez de l'eau à hauteur et laissez cuire encore 15 min. Retirez les trois quarts de l'eau, puis mixez.

4 Lorsque les châtaignes ont refroidi, épluchez-les. Ajoutez-en la moitié dans le velouté et mixez une nouvelle fois.

5 Au moment de servir, répartissez le velouté dans 6 bols et parsemez de morceaux de châtaigne.

L'automne est la période idéale pour consommer des champignons frais. Si vous décidez de partir en cueillette, préférez une journée ensoleillée après quelques jours de pluie, la récolte n'en sera que meilleure.

POUR

4 PERSONNES

PRÉPARATION

20 MIN

CUISSON

4 H 30

750 g de pomme de terre à chair farineuse

1 kg de palette de porc

3 c. à s. de sauce soja sucrée

1 c. à s. de sauce soja salée

3 c. à s. de ketchup

½ c. à s. de sauce Worcestershire

8 cl de jus d'orange

½ c. à s. d'épices mexicaines

Huile d'olive

Parmentier au pulled pork

1 Préchauffez le four à 170 °C. Bien souvent, la palette de porc est vendue sous forme d'un rôti de palette de porc. De fait, retirez la ficelle ajoutée par le boucher. Dans une cocotte allant au four, mélangez la sauce soja sucrée, la sauce soja salée, le ketchup, la sauce Worcestershire, le jus d'orange et les épices mexicaines. Ajoutez la viande puis retournez-la plusieurs fois afin qu'elle soit bien imprégnée du mélange. Recouvrez la cocotte d'une feuille de papier aluminium puis ajoutez le couvercle. Enfournez pour 4 h, en retournant la viande à mi-cuisson et en l'arrosant avec le jus de cuisson.

2 Épluchez les pommes de terre. Coupez-les en deux, mettez-les dans une casserole, couvrez d'eau froide et portez à ébullition. Ajoutez du gros sel, baissez le feu, laissez cuire à frémissement 20 min environ, jusqu'à ce que les pommes de terre soient cuites (un couteau doit facilement s'enfoncer dans la chair). Lorsque les pommes de terre sont cuites, égouttez-les puis écrasez-les dans un bol avec 6 c. à s. d'huile d'olive. Salez, goûtez et rectifiez l'assaisonnement si nécessaire.

3 À l'issue des 4 h de cuisson, retirez la viande de la cocotte et mettez-la dans un plat à gratin. Effilochez la viande encore chaude à l'aide de deux fourchettes, puis filtrez le jus de cuisson à l'aide d'une passoire fine directement au-dessus de la viande. Recouvrez avec l'écrasé de pommes de terre, ajoutez un filet d'huile d'olive et enfournez pour une quinzaine de minutes, juste pour réchauffer l'ensemble.

POUR
2 PERSONNES
PRÉPARATION
15 MIN
CUISSON
35 MIN

2 filets de poulet

6 grosses pommes de terre à chair fondante

2 c. à s. d'huile de tournesol

1 c. à s. d'huile d'olive

2 c. à s. de paprika

1 c. à c. d'ail en poudre

Aromates séchés (thym, romarin, herbes de Provence...)

2 grosses pincées de sel

Poivre

Poulet mariné et potatoes

1 Préchauffez le four à 200 °C.

2 Lavez et coupez vos pommes de terre en quartiers épais, sans les éplucher.

3 Préparez la marinade : dans un bol, mélangez les huiles, le paprika, l'ail, les aromates, le sel et le poivre.

4 Étalez les pommes de terre sur une plaque recouverte de papier cuisson. Versez la moitié de la marinade dessus, et mélangez bien avec les mains pour en imprégner les pommes de terre. Enfournez et faites cuire 20 min.

5 Pendant ce temps, déposez les filets de poulet dans le reste de la marinade, en vous assurant qu'elle recouvre bien toute la chair du poulet. Réservez au frais pendant la cuisson des potatoes.

6 À l'issue des 20 min de cuisson, ajoutez les filets de poulet marinés sur la plaque avec les pommes de terre, et enfournez de nouveau pour 15 min. Sortez le tout du four et dégustez bien chaud.

RECETTE VEGGIE

POUR
4 À 6 GAUFRES

PRÉPARATION
30 MIN

CUISSON
15 MIN PAR TOURNÉE

300 g de patate douce

Épices à votre convenance (curry, paprika, ail en poudre, noix de muscade, etc.)

2 œufs

100 g de farine

Un peu d'huile de tournesol pour le gaufrier

Gaufres de patates douces

1 Faites cuire la patate douce entière dans de l'eau bouillante pendant 15 à 20 min, jusqu'à ce qu'elle devienne fondante. Quand elle est cuite, égouttez-la, épluchez-la puis écrasez la chair.

2 Mettez la purée dans un saladier, ajoutez les épices de votre choix, puis les œufs et la farine. Mélangez jusqu'à l'obtention d'une pâte homogène.

3 Disposez une louche de pâte dans le gaufrier légèrement huilé. Laissez cuire les gaufres 15 bonnes minutes. Elles ne souffriront pas d'un sur-temps de cuisson, bien au contraire. En revanche, les retirer trop tôt risque de compliquer leur sortie du gaufrier.

Si vous n'avez pas de gaufrier, cette pâte peut tout à fait se cuire sous forme de pancakes. Pour la garniture, faites-vous plaisir : purée d'avocat, œuf mollet, poivrons grillés, feta, saumon fumé... Tout est possible !

POUR
4 PERSONNES
PRÉPARATION
10 MIN
CUISSON
25 À 30 MIN
REPOS
2 MIN

250 g de patate douce
1 c. à s. d'herbes de Provence
1 c. à c. d'ail en poudre
30 g de parmesan râpé
Huile d'olive en spray
6 œufs
Ciboulette fraîche
½ c. à c. de sel
Poivre

Œufs cocotte en croûte de patate douce

1 Préchauffez le four à 190 °C.

2 Épluchez et râpez la patate douce au robot.

3 Placez la patate douce râpée dans un saladier, ajoutez les herbes de Provence, l'ail en poudre, le parmesan râpé et mélangez.

4 Versez environ 2 c. à s. de pâte dans des moules à muffins préalablement huilés, et pressez avec un verre pour bien aplatir et serrer la patate douce dans le moule en la faisant remonter sur les bords. Il est important de bien « presser » l'ensemble, sinon la croûte ne tiendra pas.

5 Vaporisez à l'aide d'un spray ou étalez avec un pinceau de l'huile sur vos socles de patate douce, puis enfournez et faites cuire 10 min.

6 Après 10 min, aplatissez à nouveau le fond de patate douce pour le creuser, puis cassez un œuf dedans. Répétez l'opération pour les autres. Salez et poivrez, puis enfournez à nouveau pour 15 à 18 min si vous souhaitez un jaune coulant, ou un peu plus si vous souhaitez un jaune bien cuit.

7 Laissez reposer 2 min avant de sortir les œufs cocotte des moules, puis servez avec de la ciboulette ciselée et des mouillettes de pain.

POUR
4 PERSONNES
PRÉPARATION
25 MIN
CUISSON
20 MIN

Steak végétal
300 g de patate douce
100 g de quinoa
150 g de champignons de Paris
1 oignon
5 cl d'huile d'olive
1 œuf
50 g de farine
1 c. à c. de cumin moulu
2 gousses d'ail
50 g de parmesan râpé
4 branches de coriandre
Sel
Piment d'Espelette

Sauce
2 c. à s. de ketchup
1 c. à s. de miel
2 c. à s. de moutarde à l'ancienne

Burger
4 pains à burger
1 oignon rouge
50 g de pousses d'épinard

Burger de légumes et galette de patate douce

1 Épluchez et coupez la patate douce en gros dés. Portez à ébullition une grande casserole d'eau salée et plongez-y les dés de patate douce pendant 15 min. Vérifiez la cuisson avec la pointe d'un couteau, égouttez et réservez.

2 Dans une autre casserole, portez à ébullition un grand volume d'eau et faites cuire le quinoa selon les indications du paquet, puis égouttez-le.

3 Lavez et coupez les champignons en lamelles. Pelez et émincez l'oignon. Dans une sauteuse, faites sauter les champignons avec l'oignon et un peu d'huile d'olive. Assaisonnez.

4 Écrasez les morceaux de patate douce dans un saladier à l'aide d'une fourchette ou d'un presse-purée. Ajoutez le quinoa, l'huile d'olive, l'œuf, la farine, le cumin, l'ail pelé et haché, le parmesan et la coriandre hachée. Assaisonnez et façonnez comme des steaks.

5 Faites cuire les steaks végétaux dans une poêle 3 min sur chaque face avec un peu d'huile d'olive.

6 Préparez la sauce en mélangeant le ketchup, le miel et la moutarde.

7 Réchauffez les pains à burger quelques instants au four ou au grille-pain.

8 Montez les burgers. Mettez de la sauce sur chaque face intérieure des pains, puis placez le steak végétal sur le pain inférieur, l'oignon rouge préalablement émincé, les épinards crus et les champignons. Refermez avec le chapeau du pain et tassez légèrement.

POUR
4 PERSONNES
PRÉPARATION
15 MIN
CUISSON
30 MIN

1 tête de brocoli

200 g de pommes de terre à chair farineuse

2 œufs

4 c. à s. de chapelure

4 c. à s. de parmesan râpé

Sel

Poivre

Galettes de pommes de terre et brocolis

1 Faites cuire séparément le brocoli et les pommes de terre dans 2 casseroles d'eau salée pendant 20 min. Égouttez, rassemblez les légumes et réduisez-les en purée à l'aide d'une fourchette ou d'un presse-purée.

2 Battez les œufs et ajoutez-les à la purée avec la chapelure et le parmesan. Assaisonnez et mélangez.

3 Façonnez à la main des galettes rondes d'environ 1 cm d'épaisseur.

4 Dans une poêle, faites chauffer un filet d'huile d'olive et faites cuire les galettes 2 min de chaque côté, jusqu'à l'obtention d'une jolie croûte dorée et croustillante.

POUR
4 PERSONNES

PRÉPARATION
15 MIN

CUISSON
16 MIN

800 g de pommes de terre à chair ferme

1 petite boîte de thon à l'huile

1 oignon rouge

1 c. à s. de vinaigre de Xérès

4 c. à s. d'huile d'olive

1 sachet de roquette

Sel

Poivre

Salade de pommes de terre, oignon rouge, thon et roquette

1 Épluchez les pommes de terre, lavez-les, puis coupez-les en dés de 3 cm. Pelez l'oignon rouge et coupez-le en 8.

2 Faites cuire les dés de pommes de terre à la vapeur pendant 15 min.

3 Plongez les morceaux d'oignon rouge 1 min dans de l'eau bouillante. Égouttez-les, mettez-les dans un saladier, séparez les couches entre vos doigts et ajoutez le vinaigre de Xérès et l'huile d'olive et mélangez.

4 Quand les pommes de terre sont cuites, égouttez-les puis versez-les dans le saladier avec les oignons, salez, poivrez puis mélangez délicatement.

5 Lavez la roquette et séchez-la. Égouttez la boîte de thon. Ajoutez le tout à la salade de pommes de terre et mélangez. Servez.

POUR
6 À 8 PERSONNES

PRÉPARATION
25 MIN

CUISSON
1 H 10 MIN

Purée

1 kg de pommes de terre à chair farineuse

50 g de beurre

15 cl de lait végétal

1 pincée de noix de muscade râpée

Emmental râpé ou chapelure

Sel

Poivre

Farce

2 oignons

2 gousses d'ail

10 cl de vin rouge

1 c. à s. de sauce soja salée

3 c. à s. de sauce tomate

300 g de lentilles vertes

1 l de bouillon de légumes

½ c. à c. de paprika

Herbes de Provence

Huile d'olive

Sel

Poivre

Shepherd pie aux lentilles

1 Épluchez les pommes de terre, coupez-les grossièrement et faites-les cuire dans un grand volume d'eau bouillante salée pendant 20 min.

2 Pendant ce temps, préparez la farce. Pelez et émincez les oignons et l'ail. Faites-les revenir dans une sauteuse dans l'huile quelques minutes. Déglacez avec le vin rouge et la sauce soja et laissez le liquide s'évaporer. Ajoutez la sauce tomate, les lentilles, le bouillon de légumes chaud, du sel, du poivre, le paprika, les herbes de Provence et mélangez le tout. Portez à ébullition puis baissez le feu, couvrez et laissez mijoter 25 à 30 min ou jusqu'à ce que les lentilles soient cuites et que la quasi totalité du liquide soit évaporée.

3 Égouttez les pommes de terre puis réduisez-les en purée en ajoutant le beurre et le lait tiède. Salez, poivrez et ajoutez un peu de muscade râpée.

4 Préchauffez le four à 200 °C.

5 Versez la farce aux lentilles dans un plat allant au four et recouvrez de purée. Saupoudrez de fromage râpé ou de chapelure si vous le souhaitez, et de quelques noisettes de beurre.

6 Enfournez et faites cuire 20 min environ, jusqu'à ce que le dessus soit doré. Sortez du four et dégustez immédiatement.

RECETTE VÉGANE

POUR
4 PERSONNES
PRÉPARATION
25 MIN
CUISSON
25 MIN

Velouté

800 g de patates douces
1 carotte
1 gros oignon
1 c. à s. de curry
80 cl de bouillon de légumes
Huile d'olive
15 cl de lait de coco
Le jus de ½ citron vert
Sel
Poivre

Houmous de haricots blancs

1 grosse boîte de haricots blancs
60 g de tahiné
4 c. à s. d'huile d'olive
Le jus de 1 citron
1 c. à c. d'ail en poudre
Sel

Velouté de patates douces, houmous de haricots blancs

Velouté

1 Épluchez les patates douces, la carotte et l'oignon. Coupez les patates douces et la carotte en dés et émincez l'oignon.

2 Dans une cocotte, faites chauffer 2 c. à s. d'huile d'olive, ajoutez les dés de carotte et l'oignon émincé. Faites-les revenir à feu doux pendant 5 min. Ajoutez le curry et mélangez. Ajoutez les dés de patates douces et mélangez. Versez le bouillon de légumes, un peu de sel, portez à ébullition, couvrez et baissez le feu. Laissez mijoter pendant 20 min environ, jusqu'à ce que les légumes soient bien tendres.

3 À l'issue de la cuisson, mixez les légumes avec le lait de coco, ajoutez le jus de citron vert et rectifiez l'assaisonnement si nécessaire.

Houmous de haricots blancs

4 Égouttez les haricots blancs, en prenant soin de réserver l'eau du bocal ou de la boîte. Versez-les dans le bol d'un robot mixeur avec le tahiné, l'huile d'olive, le jus de citron, 5 cl d'eau du bocal réservée, l'ail en poudre et un peu de sel. Mixez, puis ajoutez davantage d'eau du bocal ou un peu d'eau chaude si le mélange est trop épais. Goûtez et rectifiez l'assaisonnement si nécessaire.

5 Servez le velouté chaud, avec le houmous de haricots blancs tartiné sur du pain ou des muffins anglais.

RECETTE VEGGIE · RECETTE VEGGIE

POUR
4 PERSONNES

PRÉPARATION
45 MIN

CUISSON
35 MIN

REPOS
30 MIN

Gnocchi

300 g de pommes de terre à chair farineuse

3 jaunes d'œufs

95 g de farine

50 g de grana padano râpé

1 pincée de noix de muscade râpée

Sel

Garniture

120 g de basilic

300 g de crème liquide entière

12 tomates cerises

25 g de beurre

2 boules de mozzarella

Origan séché

Pousses de basilic

Huile d'olive

Sel

Chapelure verte

200 g de chapelure

50 g de persil

50 g de basilic

50 g de roquette

5 g de sel

Gnocchi alla pizzaiola

1 Confectionnez la chapelure verte. Lavez et séchez toutes les herbes. Dans un mixeur, mixez la chapelure et ajoutez les herbes en 2 fois. Terminez avec une pincée de sel, goûtez pour rectifier l'assaisonnement. Réservez au frais.

2 Plongez les feuilles de basilic dans une casserole d'eau bouillante pendant 30 s pour les blanchir. Mixez à chaud jusqu'à l'obtention d'une texture très lisse, puis versez le liquide dans la crème froide. Mettez le tout dans un siphon avec 1 cartouche de gaz. Entreposez au moins 30 min au réfrigérateur.

3 Préparez les gnocchi de pommes de terre comme indiqué p. 30.

4 Coupez les tomates cerises en quartiers et faites-les sauter rapidement avec un filet d'huile d'olive dans une poêle.

5 Portez à ébullition une grande casserole d'eau salée et plongez-y les gnocchi 2-3 min, puis égouttez-les. Glacez-les dans le beurre avec un peu d'eau de cuisson.

6 Servez les gnocchi avec les quartiers de tomates et le siphon basilic. Ajoutez une demi-boule de mozzarella par personne et agrémentez avec un peu de chapelure verte, d'origan séché et de pousses de basilic.

POUR
4 PERSONNES
PRÉPARATION
25 MIN
CUISSON
30 MIN

4 pommes de terre à chair farineuse
1 œuf
4 gousses d'ail
1 c. à s. de safran en poudre
2 brins de coriandre ou de persil
80 g d'emmental râpé
80 g de farine environ
Huile de tournesol
Sel
Poivre

RECETTE VEGGIE

Maâkouda

1 Portez à ébullition une grande casserole d'eau et faites cuire les pommes de terre entières pendant 20 min. Vérifiez la cuisson avec la pointe d'un couteau. Quand elles sont cuites, passez-les sous l'eau froide et laissez-les refroidir avant de les éplucher.

2 Dans un saladier, battez l'œuf, l'ail pelé et écrasé, le safran, la coriandre ciselée et l'emmental râpé. Écrasez les pommes de terre à l'aide d'une fourchette, et ajoutez-les au mélange. Salez et poivrez. Mélangez bien.

3 Formez des boules à la main et roulez-les dans la farine. Aplatissez-les légèrement pour former les galettes.

4 Faites chauffer un filet d'huile dans une sauteuse. Une fois l'huile bien chaude, faites-y cuire les galettes, 4 à 5 min de chaque côté.

Ces galettes sont parfaites pour accompagner une viande ou une salade. Vous pouvez également les préparer en y incorporant de la viande hachée, que vous aurez préalablement fait revenir avec un peu d'oignon, ou avec une boîte de thon égouttée, à incorporer directement dans la purée avant de former les galettes.

POUR
4 PERSONNES
PRÉPARATION
20 MIN
CUISSON
30 MIN

750 g de pommes de terre Grenaille
125 g de petits pois surgelés
100 g de bresaola
4 c. à s. d'huile d'olive
2 c. à c. de vinaigre balsamique
Fleur de sel
Poivre

Salade de pommes de terre rôties aux petits pois et bresaola

1 Lavez les pommes de terre puis séchez-les, sans les éplucher.

2 Préchauffez le four à 200 °C. Coupez les pommes de terre en deux dans le sens de la longueur, mettez-les dans un plat allant au four, sur une seule couche si possible, ajoutez 1 c. à s. d'huile d'olive, un peu de sel, mélangez bien et enfournez 30 min.

3 Pendant ce temps, plongez les petits pois dans de l'eau bouillante salée pendant 1 min. Égouttez.

4 Testez la cuisson des pommes de terre à l'aide de la pointe d'un couteau, elles doivent être bien dorées et tendres.

5 Versez les pommes de terre cuites dans un saladier, ajoutez 3 c. à s. d'huile d'olive, le vinaigre balsamique, les petits pois, un peu de fleur de sel, du poivre du moulin et mélangez bien. Coupez la bresaola en lanières, ajoutez-la à la salade et servez le tout tiède.

POUR
4 PERSONNES

PRÉPARATION
40 MIN

CUISSON
25 MIN

500 g de patates douces
1 jaune d'œuf
50 g de pecorino râpé + pour servir
150 g de farine (environ)
30 g de beurre
1 c. à s. d'huile d'olive
Sel
Poivre

Gnocchi de patate douce au pecorino

1 Épluchez les patates douces, coupez-les en morceaux et faites-les cuire à la vapeur pendant 20 min. Une fois cuites, écrasez-les immédiatement à l'aide d'un presse-purée. Ajoutez le jaune d'œuf, du sel, du poivre, le pecorino râpé et la farine en plusieurs fois. Formez une boule de pâte. Si besoin, ajoutez un peu de farine. Laissez la pâte refroidir à température ambiante.

2 Lorsque la pâte a refroidi, détaillez-la en 4 morceaux, puis roulez chaque morceau en boudin sur un plan de travail fariné. Détaillez des gnocchi d'environ 1 cm de long dans les boudins de pâte, puis farinez-les.

3 À l'aide d'une fourchette ou d'une planche à gnocchi farinée, striez les gnocchi. Vous pouvez passer cette étape si vous manquez de temps.

4 Portez à ébullition un grand volume d'eau salée dans une casserole. Lorsque l'eau bout, plongez-y les gnocchi : ils sont cuits lorsqu'ils remontent à la surface.

5 Pendant ce temps, faites fondre le beurre dans une poêle et ajoutez l'huile d'olive.

6 Sortez les gnocchi à l'aide d'une écumoire et égouttez-les bien, puis déposez-les dans la poêle et faites-les revenir quelques minutes, jusqu'à ce qu'ils soient légèrement dorés. Servez immédiatement avec du pecorino râpé et un tour de moulin à poivre.

POUR
4 PERSONNES
PRÉPARATION
20 MIN
CUISSON
35 MIN

Cordons bleus

80 g de farine

80 g jaunes d'œufs

80 g de chapelure

4 filets de poulet de 200 g chacun environ

8 tranches de poitrine fumée

120 g d'emmental en tranches

Sauce aux champignons

1 échalote

Beurre

50 g de champignons

2 c. à s. de vin blanc

50 cl de crème liquide

30 g de fond de veau

Thym

1 feuille de laurier

Sel

Poivre

Pommes rissolées

750 g de pommes de terre à chair ferme

Sel

Cordons bleus, pommes rissolées et sauce aux champignons

1 Préparez trois assiettes : versez la farine dans la première, les jaunes d'œufs battus dans la deuxième et la chapelure dans la dernière. Plongez chaque filet de poulet dans la farine, puis dans les jaunes d'œufs, et enfin dans la chapelure. Faites cuire les filets de poulet dans une friteuse ou dans une casserole avec de l'huile chauffée à 150 °C, jusqu'à ce qu'ils soient bien dorés. Réservez.

2 Faites griller les tranches de poitrine fumée à la poêle.

3 Incisez les filets de poulet dans la longueur, sans les couper en deux, puis insérez deux tranches de poitrine fumée et 30 g d'emmental dans chacun.

4 Pour la sauce aux champignons, pelez et ciselez l'échalote. Faites-la revenir dans une poêle avec du beurre. Ajoutez les champignons émincés puis déglacez avec le vin blanc. Laissez réduire puis ajoutez la crème, le fond de veau, le thym et le laurier. Faites cuire à feux doux 30 min. Salez, poivrez.

5 Pour les pommes rissolées, coupez les pommes de terre en petits dés, puis faites-les cuire dans de l'eau bouillante pendant 5 min (il faut qu'elles restent dures). Plongez-les ensuite dans la friteuse jusqu'à ce qu'elles soient bien dorées. Assaisonnez avec du sel.

6 Au dernier moment, réchauffez les cordons bleus au four à 180 °C environ 5 min. Dégustez avec les pommes rissolées et la sauce aux champignons.

POUR
4 PERSONNES
PRÉPARATION
15 MIN
CUISSON
45 MIN

8 hauts de cuisses de poulet
4 c. à s. de sirop d'érable
1 c. à s. de sauce soja
1 c. à s. de concentré de tomate
1 c. à c. de gingembre moulu
Huile d'olive

Purée
800 g de patates douces
25 g de beurre
Sel
Poivre du moulin

Poulet caramélisé au sirop d'érable, purée de patates douces

1 Préchauffez le four à 180 °C. Mélangez dans un grand bol les hauts de cuisses de poulet avec 2 c. à s. d'huile d'olive. Disposez-les dans un grand plat et enfournez pour 20 min.

2 Épluchez et lavez les patates douces. Coupez-les en gros dés, mettez-les dans une casserole et couvrez d'eau froide. Portez à ébullition, salez, baissez le feu et laissez frémir pendant 15 min environ.

3 Mélangez dans un bol le sirop d'érable avec la sauce soja, le concentré de tomate, le gingembre et 2 c. à s. d'eau.

4 Égouttez les patates douces en gardant un peu d'eau de cuisson, versez-les dans un bol puis écrasez-les à la fourchette avec le beurre et un peu d'eau de cuisson. Salez, poivrez, mélangez et réservez au chaud.

5 Versez le contenu du bol sur le poulet après la cuisson, puis retournez les morceaux et poursuivez la cuisson pendant 10 min. Servez avec la purée de patates douces.

POUR
4 PERSONNES
PRÉPARATION
15 MIN
CUISSON
40 MIN

250 g de haddock fumé
800 g de pommes de terre à chair farineuse
200 g de chou vert
20 cl de lait entier
100 g d'huile d'olive
4 gousses d'ail
30 g de chapelure
Sel

Brandade de haddock fumé, chou et huile d'olive

1 Épluchez les pommes de terre et coupez-les en gros dés. Portez à ébullition une grande casserole d'eau salée et faites cuire les pommes de terre pendant 20 min.

2 Détaillez le chou vert en lamelles. 5 min avant la fin de la cuisson des pommes de terre, plongez le chou dans l'eau bouillante.

3 Pelez et hachez les gousses d'ail. Retirez la peau et coupez le haddock en dés. Préchauffez le four à 180 °C.

4 Égouttez les pommes de terre et le chou et versez-les dans un saladier. Ajoutez l'ail, le haddock, le lait bouillant et l'huile d'olive, et travaillez le tout pour obtenir une brandade grossière. Saupoudrez d'un peu de chapelure et faites cuire la brandade au four pendant 20 min.

POUR
4 PERSONNES
PRÉPARATION
45 MIN
CUISSON
40 MIN + 6 H POUR LA CHAPELURE

Gnocchi

300 g de pommes de terre à chair farineuse
3 jaunes d'œufs
95 g de farine
50 g de grana padano râpé
1 pincée de noix de muscade râpée
Sel

Garniture

12 tomates cerises
250 g de sauce tomate
25 g de beurre
2 burratas
Quelques feuilles de roquette
Sel

Chapelure rouge

4 c. à s. de chapelure
4 tomates

Gnocchi tomate et burrata

1 Confectionnez la chapelure rouge. Préchauffez le four à 70 °C. Fendez les tomates et récupérez leur eau dans une petite casserole. Faites-la réduire, puis versez-la sur une plaque allant au four puis enfournez et faites sécher pendant 6 h. À l'issue de la cuisson, mixez avec la chapelure.

2 Préparez les gnocchi de pommes de terre comme indiqué p. 30.

3 Coupez les tomates cerises en quartiers.

4 Faites chauffer la sauce tomate dans une casserole.

5 Dans le même temps, portez à ébullition une grande casserole d'eau salée et faites cuire les gnocchi pendant 2-3 min, puis égouttez-les en réservant un peu d'eau de cuisson.

6 Versez les gnocchi dans la sauce tomate chaude, ajoutez le beurre et l'eau de cuisson et glacez-les.

7 Dressez les gnocchi dans 4 assiettes et disposez une demi-burrata au centre de chacune. Ajoutez les quartiers de tomates, un peu de chapelure rouge et quelques feuilles de roquette.

POUR
2 PERSONNES
PRÉPARATION
20 MIN
CUISSON
35 MIN

300 g de pommes de terre à chair farineuse
2 saucisses de Toulouse
150 g de champignons de Paris
1 gousse d'ail
1 c. à s. d'huile d'olive
150 g de beurre

Poêlée de saucisses et purée de pommes de terre

1 Rincez et brossez les champignons, puis émincez-les. Pelez l'ail et dégermez-le. Dans une poêle, faites revenir les champignons et l'ail avec l'huile d'olive. Réservez.

2 Épluchez les pommes de terre, rincez-les sous l'eau claire et coupez-les en morceaux. Disposez-les dans une casserole, couvrez d'eau à hauteur et salez. Faites cuire environ 15 min. Piquez alors les pommes de terre à l'aide de la lame d'un couteau pour vérifier leur cuisson. Lorsqu'elles sont cuites, égouttez-les puis passez-les au tamis.

3 Faites sécher la purée obtenue dans une casserole pendant quelques minutes à feu moyen. Incorporez-y le beurre froid en morceaux tout en fouettant vigoureusement. Laissez au chaud à feu très faible.

4 Faites revenir les saucisses de Toulouse dans une poêle chaude sans matière grasse à feu doux. Ajoutez les champignons à l'ail afin de les réchauffer, puis servez avec la purée de pommes de terre.

POUR
4 PERSONNES
PRÉPARATION
10 MIN
CUISSON
45 MIN

4 pommes de terre à chair farineuse
2 carottes
1 courgette
2 gousses d'ail
1 c. à. s. d'huile
2 œufs
2 c. à s. de crème fraîche
1 c. à s. de ciboulette ciselée
Beurre
Sel
Poivre

RECETTE VEGGIE

Rösti de pommes de terre et légumes

1 Préchauffez le four à 180 °C.

2 Épluchez les pommes de terre, les carottes, la courgette et les gousses d'ail, puis râpez le tout. Rassemblez les légumes râpés dans une poêle avec l'huile et faites cuire pendant 15 min en mélangeant très régulièrement.

3 Dans un grand bol, fouettez les œufs, la crème et la ciboulette. Versez la préparation sur les légumes et mélangez-le tout délicatement à l'aide d'une spatule.

4 Beurrez généreusement un moule à manqué, puis garnissez-le avec la préparation. Enfournez et faites cuire pendant 30 à 35 min en surveillant la cuisson. La galette doit être bien dorée.

Variez les légumes et les herbes aromatiques selon les saisons : poireaux, céleri, panais en hiver, courgettes et petits pois en été. Vous pouvez également ajouter des grains de maïs.

RECETTE VEGGIE · RECETTE VEGGIE ·

POUR
4 PERSONNES

PRÉPARATION
10 MIN

CUISSON
30 MIN

- 1 pâte feuilletée rectangulaire
- 2 pommes de terre à chair fondante
- 1 c. à s. de ricotta
- 1 poignée de ciboulette fraîche ciselée
- 1 poignée d'aneth ciselé
- 100 g d'emmental ou mozzarella râpé
- 1 œuf
- 2 c. à s. d'huile d'olive
- Herbes de Provence
- Sel
- Poivre

Tarte feuilletée aux pommes de terre, ciboulette et ricotta

1 Préchauffez le four à 220 °C.

2 Lavez les pommes de terre et épluchez-les. Taillez-les finement à la mandoline ou au robot afin d'avoir de fines lamelles. Placez-les dans un saladier avec 1 c. à s. d'huile d'olive, du sel, du poivre et des herbes de Provence. Réservez.

3 Étalez la pâte feuilletée et piquez le fond avec une fourchette.

4 Dans un bol, mélangez la ricotta avec 1 c. à s. d'huile d'olive, la ciboulette et l'aneth ciselés, du sel et du poivre. Étalez ce mélange sur la pâte feuilletée en laissant 2 cm de bord libre et saupoudrez de fromage râpé.

5 Étalez les lamelles de pommes de terre sur le fromage en les alignant bien sur la largeur. Rabattez les bords extérieurs de la pâte feuilletée vers l'intérieur et dorez-les avec un œuf battu.

6 Enfournez et faites cuire 25 à 30 min environ. Servez la tarte avec de la ciboulette ciselée, un filet d'huile d'olive et un tour de moulin à poivre.

RECETTE VEGGIE

POUR
4 PERSONNES

PRÉPARATION
10 MIN

CUISSON
35 MIN

800 g de grosses pommes de terre à chair fondante

20 g de beurre

1 gousse d'ail

20 cl de crème liquide entière

150 g de roquefort

Sel

Poivre

Gratin de pommes de terre au roquefort

1 Épluchez les pommes de terre puis émincez-les en lanières épaisses au couteau ou à l'aide d'un robot.

2 Beurrez un plat à gratin, puis frottez-le avec la gousse d'ail. Déposez les lanières de pomme de terre dans le plat.

3 Préchauffez le four à 180 °C. Versez la crème dans une casserole et faites-la chauffer. Ajoutez le roquefort émietté et mélangez. Salez légèrement et poivrez, puis versez la préparation sur les pommes de terre. Enfournez et faites cuire 35 min. Dégustez bien chaud.

POUR
4 PERSONNES
PRÉPARATION
20 MIN
CUISSON
1 H

- 1 poulet fermier
- 1 kg de pommes de terre à chair fondante
- 6 gousses d'ail
- 2 branches d'estragon
- 2 branches de thym
- 2 branches de romarin
- 2 c. à s. de ras el-hanout
- Huile d'olive
- 2 oignons
- 3 c. à s. de miel
- 100 g d'olives vertes
- Huile de friture
- Sel
- Poivre

Poulet rôti aux olives et frites maison

1 Préchauffez le four à 180 °C. Farcissez le poulet avec 2 gousses d'ail entières, 1 branche d'estragon, 1 branche de thym, 1 branche de romarin et 1 c. à s. de ras el-hanout. Placez le poulet dans un plat.

2 Mélangez dans un petit bol l'huile d'olive, 1 c. à s. de ras el-hanout, du sel, du poivre et badigeonnez le poulet.

3 Pelez et coupez les oignons en quatre avant de les placer dans le plat avec le poulet. Ajoutez les autres gousses d'ail et branches d'herbes aromatiques, et ½ verre d'eau. Enfournez le poulet et faites-le cuire 40 min, en veillant à l'arroser régulièrement avec le jus de cuisson. Au bout de 40 min de cuisson, ajoutez le miel sur le poulet et les olives dans le plat, puis poursuivez la cuisson environ 15 min en passant le four en position gril. Surveillez la cuisson, qui va dépendre de la taille de la volaille et de la puissance du four.

4 Pendant ce temps, préparez les frites maison. Épluchez et rincez les pommes de terre. Taillez des frites épaisses. Faites chauffer un bain d'huile de tournesol dans une friteuse ou une sauteuse à 180 °C et plongez les frites 5 à 6 min, jusqu'à ce qu'elles soient dorées. Sortez-les à l'aide d'une écumoire, égouttez et réservez au chaud. À la sortie du four, plongez les frites dans le plat et dégustez.

POUR
6 PERSONNES

PRÉPARATION
30 MIN

CUISSON
15 MIN

4 pommes de terre à chair ferme
1 poivron rouge
300 g de chorizo
6 œufs
18 olives espagnoles (noires ou vertes, à votre convenance)

Mayonnaise
2 œufs
1 c. à s. de Savora®
300 g d'huile de tournesol
Sel
Poivre

Ensaladilla

1 Lavez et épluchez les pommes de terre, puis coupez-les en dés. Portez une grande casserole d'eau salée à ébullition et plongez-y les pommes de terre 15 min. Égouttez-les et réservez.

2 Préparez la mayonnaise. Mélangez vigoureusement les œufs avec la Savora®, puis ajoutez progressivement l'huile de tournesol jusqu'à l'obtention d'une sauce bien crémeuse. Assaisonnez avec du sel et du poivre. Réservez.

3 Portez à ébullition une casserole d'eau et faites-y cuire les 6 œufs pendant 10 min, pour qu'ils soient durs.

4 Lavez le poivron rouge, épépinez-le et coupez-le finement en julienne. Tranchez le chorizo finement et taillez-le en julienne. Écalez les œufs durs et coupez-les en quatre.

5 Mélangez les pommes de terre, les poivrons, le chorizo, les œufs et les olives avec la mayonnaise. Dressez harmonieusement.

POUR
4 PERSONNES
PRÉPARATION
20 MIN
CUISSON
50 MIN

500 g de choux de Bruxelles
350 g de pommes de terre à chair fondante
30 g de beurre
30 g de farine
40 cl de lait
4 tranches de jambon
60 g d'emmental râpé
1 pincée de noix de muscade râpée
Sel
Poivre

Gratin de pommes de terre et choux de Bruxelles à la béchamel et jambon

1 Lavez les choux de Bruxelles et faites-les cuire dans un grand volume d'eau bouillante salée pendant 8 à 10 min.

2 Épluchez les pommes de terre, lavez-les et faites-les cuire à la vapeur 10 à 15 min afin qu'elles soient cuites mais encore fermes.

3 Préparez la béchamel en faisant fondre le beurre sur feu moyen dans une casserole, puis ajoutez la farine et mélangez environ 5 min. Versez le lait petit à petit, sans cesser de remuer, jusqu'à ce que le mélange épaississe. Salez, poivrez et ajoutez de la muscade râpée.

4 Préchauffez le four à 200 °C.

5 Dans un plat à gratin beurré, disposez les pommes de terre coupées en rondelles et les choux de Bruxelles coupés en deux, et enfin le jambon coupé en tranches. Recouvrez de béchamel et saupoudrez d'emmental râpé.

6 Enfournez et faites cuire 40 min, puis dégustez chaud.

POUR
4 PERSONNES
PRÉPARATION
10 MIN
CUISSON
30 MIN

750 g de pommes de terre à chair farineuse

4 steaks hachés de bœuf

1 bocal de courgettes à la provençale

Huile d'olive

Sel

Poivre

Parmentier de bœuf haché aux courgettes à la provençale

1 Épluchez les pommes de terre et lavez-les. Coupez-les en deux, mettez-les dans une casserole, recouvrez d'eau froide et portez à ébullition. Laissez cuire à frémissement pendant 15 min environ, jusqu'à ce qu'elles soient tendres.

2 Quand les pommes de terre sont cuites, égouttez-les puis écrasez-les dans un saladier avec 6 c. à s. d'huile d'olive. Salez, goûtez et rectifiez l'assaisonnement si nécessaire.

3 Détaillez à la main les steaks hachés en petits morceaux. Dans une poêle, faites chauffer 1 c. à s. d'huile d'olive, ajoutez le bœuf et faites-le revenir à feu vif pendant 1 min. Ajoutez le bocal de courgettes à la provençale, mélangez et laissez cuire pendant 2 min à feu moyen. Salez, poivrez, goûtez et rectifiez l'assaisonnement si nécessaire.

4 Préchauffez le four à 180 °C. Versez le parmentier dans un plat à gratin et recouvrez de purée de pommes de terre. Enfournez et faites cuire 15 min. Servez avec une salade verte.

POUR
4 PERSONNES

PRÉPARATION
20 MIN

CUISSON
40 MIN

500 g de morue (deux options : soit de la morue sous-vide à dessaler la veille, soit de la morue dessalée surgelée, à décongeler et dont il faut ôter la peau et les arêtes)

500 g de pommes de terre à chair farineuse

25 g de beurre

½ c. à c. d'ail en poudre

Quelques feuilles de persil

2 c. à s. d'huile d'olive

4 c. à s. de chapelure

Sel

Poivre

Brandade de morue

1 Épluchez les pommes de terre et faites-les cuire à l'eau pendant 20 min. Lorsqu'elles sont bien tendres, égouttez-les et écrasez-les en purée.

2 Dans la même casserole, émiettez la morue et faites-la revenir quelques minutes dans un peu d'huile d'olive. Éteignez le feu, puis ajoutez la purée de pommes de terre à la morue. Mélangez bien. Ajoutez le beurre, l'ail en poudre et le persil finement ciselé. Mélangez bien le tout, poivrez et salez un peu au besoin.

3 Préchauffez le four en position gril à 200 °C. Répartissez votre brandade dans 4 ramequins ou dans un grand plat et parsemez de chapelure. Enfournez la brandade et faites-la cuire pendant quelques minutes, jusqu'à ce que le dessus soit doré.

POUR
4 PERSONNES

PRÉPARATION
20 MIN

CUISSON
40 MIN

1 kg de pommes de terre à chair fondante

300 g de céleri-rave

50 cl de lait

50 cl de crème liquide légère

2 gousses d'ail

1 pincée de noix de muscade râpée

150 g d'emmental râpé

Sel

Piment d'Espelette

Gratin de pommes de terre au céleri

1 Épluchez les pommes de terre et lavez-les. Coupez-les en fines lamelles.

2 Coupez le céleri-rave en fines lamelles.

3 Chauffez ensemble le lait, la crème, l'ail haché, la noix de muscade râpée, le sel et le piment d'Espelette. Ajoutez les pommes de terre et le céleri. Faites cuire à frémissement à couvert pendant une dizaine de minutes.

4 Préchauffez le four à 180 °C. Versez le tout dans un plat à gratin. Saupoudrez d'emmental râpé et gratinez au four pendant 30 min environ.

Chapitre 5 Occasions

POUR
4 PERSONNES
PRÉPARATION
30 MIN
CUISSON
50 MIN

Purée de Vitelotte

500 g de pommes de terre Vitelotte
1 œuf
1 c. à s. de persil ciselé
100 g de parmesan râpé
50 g de pecorino râpé
Sel
Poivre

Chips de guanciale

6 tranches de guanciale

Friture et finition

1 boule de provola affumicata di Agerola de 125 g
2 œufs battus
250 g de chapelure panko
Huile de friture

Croquettes de Vitelotte, provola

Purée de Vitelotte

1 Portez à ébullition une grande casserole d'eau salée, plongez-y les pommes de terre entières et faites-les cuire 20 min environ. Laissez-les tiédir avant de les peler, puis écrasez la chair à l'aide d'un presse-purée.

2 Placez la purée obtenue dans un bol, ajoutez l'œuf, le persil ciselé, le parmesan et le pecorino. Salez et poivrez. Réservez au frais.

Chips de guanciale

3 Préchauffez le four à 150 °C. Placez les tranches de guanciale entre 2 plaques de cuisson et enfournez pour 30 min. Retirez les plaques du four et laissez refroidir à température ambiante.

Confection et friture des croquettes

4 Coupez la provola en bâtonnets. Récupérez un peu de purée de pommes de terre dans le creux de votre main, déposez un bâtonnet de provola au centre en l'enfonçant légèrement, et refermez en cherchant à former une boule de purée ovale.

5 Préparez un bol contenant les œufs battus et un second contenant la chapelure. Plongez chaque boule de purée dans le bain d'œufs battus, puis dans la chapelure.

6 Faites chauffer un bain d'huile de tournesol dans une friteuse ou une sauteuse à 175 °C, puis plongez-y les boules et faites-les frire jusqu'à ce qu'elles soient bien dorées. Égouttez sur du papier absorbant, puis surmontez les croquettes de chips de guanciale et servez sans attendre.

RECETTE VEGGIE · RECETTE VEGGIE

POUR **4 PERSONNES**
PRÉPARATION **10 MIN**
CUISSON **35 MIN**

- 600 g de choux de Bruxelles
- 800 g de patates douces
- 4 belles carottes
- Huile d'olive
- 2 pincées de cannelle
- 30 g de beurre
- 2 c. à s. de miel
- 200 g de chèvre frais
- 2 c. à s. de graines de sésame noir
- Sel
- Poivre

Velouté de patates douces et carottes, choux de Bruxelles et chèvre frais

1 Lavez délicatement les choux de Bruxelles, coupez la base, retirez les premières feuilles et réservez-les. Plongez les choux dans l'eau bouillante pendant 10 min. Égouttez-les.

2 Épluchez et coupez en morceaux les patates douces et les carottes. Dans un faitout, faites chauffer un filct d'huile d'olive et faites revenir les légumes avec la cannelle. Mouillez à hauteur, salez. Portez à ébullition et faites cuire 15 min.

3 Faites fondre le beurre dans une poêle et faites revenir les choux de Bruxelles quelques minutes en veillant bien à ce que le beurre ne brûle pas. Ajoutez le miel, salez légèrement et poursuivez la cuisson 10 min en remuant régulièrement.

4 Égouttez les patates douces et les carottes en gardant une louche d'eau de cuisson. Mixez-les longuement dans un blender en ajoutant au fur et à mesure l'eau de cuisson pour obtenir un velouté bien lisse et assez épais. Salez et poivrez, et ajoutez 1 c. à s. de chèvre frais. Mixez à nouveau et réservez au chaud.

5 Servez le velouté dans des bols, ajoutez les choux de Bruxelles caramélisés, émiettez par-dessus le chèvre restant et parsemez des premières feuilles crues des choux et de graines de sésame noir.

POUR
4 PERSONNES
PRÉPARATION
15 MIN
CUISSON
40 MIN

Gnocchi

300 g de pommes de terre à chair farineuse

3 jaunes d'œufs

95 g de farine

50 g de grana padano râpé

1 pincée de noix de muscade râpée

Sel

Crème de poivrons

3 poivrons rouges

Huile d'olive extra-vierge

Sel

Poivre

Garniture

60 g de gorgonzola

12 noix

Feuilles de céleri

Huile d'olive

Gnocchi grillés, crème de poivrons confits, gorgonzola

1 Préparez les gnocchi de pommes de terre comme indiqué p. 30.

2 Brûlez la peau des poivrons au four à 180 °C pendant 20 min ou directement à la flamme d'une plaque de gaz. Emballez-les dans un sac hermétique jusqu'à ce qu'ils refroidissent. Épluchez-les, puis mixez la chair avec de l'huile d'olive, du sel, du poivre et un peu d'eau si nécessaire. Vous devez obtenir une sauce homogène.

3 Portez à ébullition une grande casserole d'eau salée et plongez-y les gnocchi 2-3 min, puis égouttez-les et plongez-les dans un saladier d'eau et de glaçons. Égouttez de nouveau et séchez-les sur du papier absorbant.

4 Faites chauffer une poêle avec de l'huile d'olive, ajoutez les gnocchi et faites-les griller 2-3 min de chaque côté. Dans une assiette, versez la sauce aux poivrons et déposez les gnocchi. Ajoutez des petits morceaux de gorgonzola, des noix concassées et des feuilles de céleri. Servez immédiatement.

RECETTE VEGGIE · RECETTE VEGGIE

POUR
4 PERSONNES

PRÉPARATION
20 MIN

CUISSON
35 MIN

800 g de pommes de terre Prunelle

2 l de lait entier ou de boisson végétale d'amande

4 navets boules d'or

40 g de beurre demi-sel

2 poignées d'amandes

Sel

Poivre

Purée violette, navets et amandes

1 Lavez et épluchez les pommes de terre, mettez-les dans une casserole, mouillez avec la moitié du lait, complétez avec de l'eau pour mouiller les pommes de terre à hauteur si nécessaire. Salez. Portez à ébullition et faites cuire 20 min.

2 Lavez les navets, épluchez-les et coupez-les en petits dés. Faites fondre 10 g de beurre dans une casserole, faites-y suer les navets avec les amandes. Mouillez avec 20 cl de lait et faites cuire à feu doux 10 min en remuant de temps en temps pour que la préparation n'accroche pas. Ajoutez un peu de lait pour adapter la texture si vous le souhaitez. Salez et poivrez en fin de cuisson.

3 Dans une petite casserole, faites colorer le beurre restant pour obtenir un beurre noisette. Déglacez-le avec 40 cl de lait entier.

4 Écrasez les pommes de terre au presse-purée, ajoutez le lait au beurre noisette et mélangez énergiquement avec une spatule en bois.

5 Servez la purée de pommes de terre surmontée du mélange navets et amandes et dégustez chaud.

POUR
4 PERSONNES

PRÉPARATION
10 MIN

CUISSON
8 MIN

Frites

600 g de pommes de terre à chair farineuse

2 l d'huile de tournesol

Sel

Garniture

4 c. à s. d'huile de truffe

Fleur de sel

120 g de parmesan râpé

Frites truffées

1 Préparez les frites comme indiqué p. 20.

2 Lorsqu'elles sont égouttées, mettez les frites dans un gros saladier, ajoutez l'huile de truffe, le sel et le parmesan râpé. Mélangez vigoureusement et servez.

POUR
4 PERSONNES
PRÉPARATION
15 MIN
CUISSON
20 MIN

Purée de patates douces

800 g de patates douces
60 g de beurre
30 cl de lait entier

Crevettes

500 g de crevettes
2 c. à s. d'huile d'olive
2 c. à c. de curry
2 poignées de pousses d'épinard
20 g de graines de lin

Purée de patates douces, crevettes au curry, pousses d'épinard

1 Épluchez et rincez les patates douces. Coupez-les en dés. Portez à ébullition une grande casserole d'eau salée et faites cuire les patates douces pendant 15 min.

2 Pendant ce temps, dans une petite casserole, faites colorer le beurre pour obtenir un beurre noisette. Déglacez-le avec le lait entier.

3 Versez les dés de patate douce cuits avec le lait au beurre noisette dans le bol d'un blender et mixez longuement afin d'obtenir une purée parfaitement lisse, salez et poivrez. Réservez au chaud.

4 Décortiquez les crevettes. Faites chauffer 1 c. à s. d'huile d'olive avec le curry dans une poêle. Faites-y sauter les crevettes pendant 3 min à feu vif en remuant souvent. Rincez les pousses d'épinard.

5 Répartissez la purée de patates douces dans 4 assiettes creuses, déposez-y les crevettes au curry, quelques pousses d'épinard et parsemez de graines de lin. Servez chaud.

POUR
4 PERSONNES

PRÉPARATION
45 MIN

CUISSON
40 MIN

Gnocchi

300 g de pommes de terre à chair farineuse

3 jaunes d'œufs

95 g de farine

50 g de grana padano râpé

1 pincée de noix de muscade râpée

Sel

Garniture

150 g de cresson

1 gousse d'ail

40 palourdes

½ verre de vin blanc

50 g de bouillon de crustacés

25 g de beurre

Pousses de coriandre

Huile d'olive

Sel

Gnocchi aux palourdes et cresson

1 Préparez les gnocchi de pommes de terre comme indiqué p. 30.

2 Plongez les feuilles de cresson dans une casserole d'eau bouillante pendant 30 s à 1 min, puis mixez-les au blender tant qu'elles sont encore chaudes. Lorsque la texture est bien lisse, débarrassez dans un bol lui-même posé dans un bol plus grand rempli de glaçons.

3 Faites bien chauffer une grande casserole à sec. Ajoutez une gousse d'ail écrasée et un filet d'huile d'olive, puis jetez-y les palourdes. Versez le vin blanc et une petite louche d'eau, puis couvrez immédiatement avec un couvercle. Laissez cuire 4 min à couvert avant de retirer du feu. Gardez la moitié des palourdes dans leur coquille et retirez les coquilles de la seconde moitié.

4 Préparez et faites légèrement réduire le bouillon de crustacés dans une petite casserole.

5 Faites rôtir les gnocchi dans une poêle chaude pendant 2-3 min, puis glacez-les dans le bouillon et le beurre. Répartissez les gnocchi dans 4 assiettes. Pochez quelques points de crème au cresson, ajoutez les palourdes et parsemez de pousses de coriandre.

POUR
6 PERSONNES
PRÉPARATION
10 MIN
CUISSON
2 H

1 poulet de 1,5 kg à 1,8 kg
3 c. à s. de beurre mou
1 c. à s. de moutarde à l'ancienne
1 bouquet garni
1 kg de pommes de terre à chair fondante
3 oignons blancs
3 oignons rouges
6 gousses d'ail avec leur peau
Sel
Poivre

Poulet rôti aux pommes de terre et petits oignons

1 Préchauffez le four à 150 °C.

2 Dans un bol, travaillez le beurre mou avec la moutarde à l'ancienne.

3 Massez le poulet avec le mélange, puis salez la peau. Insérez le bouquet garni à l'intérieur du poulet. Placez le poulet dans un grand plat, blancs (c'est-à-dire le dos) contre le fond. Déposez tout autour les pommes de terre grossièrement coupées, les oignons pelés et coupés en deux et les gousses d'ail. Enfournez et faites cuire 2 h.

Placer le poulet sur le dos, c'est-à-dire retourné et à l'inverse de ce qu'on fait habituellement, permet d'obtenir des blancs moins secs et des ailes parfaitement cuites. Il vous suffira simplement de le retourner pour le découper.

POUR
4 PERSONNES
PRÉPARATION
1 H
CUISSON
50 MIN

Gnocchi

300 g de pommes de terre à chair farineuse

3 jaunes d'œufs

95 g de farine

50 g de grana padano râpé

1 pincée de noix de muscade râpée

Sel

Garniture

12 fleurs de courgettes

200 g de crescenza

50 g de crème

1 tomate

2 courgettes

2 champignons de Paris

25 g de beurre

Grana padano râpé

Pousses de basilic thaï

Huile d'olive

Sel

Poivre

Gnocchi à la crème de courgette, fleurs de courgette et crescenza

1 Préparez les gnocchi de pommes de terre comme indiqué p. 30.

2 Préchauffez le four à 180 °C. Enfournez et faites cuire les fleurs de courgettes pendant 5 min.

3 Pendant ce temps, coupez la crescenza en petits dés, puis mixez au blender avec la crème et un filet d'huile d'olive jusqu'à l'obtention d'une crème lisse. Coupez la tomate en brunoise et ajoutez-la à la crème. Assaisonnez puis mettez le tout dans une poche à douille sans douille, et farcissez les fleurs de courgettes.

4 Épluchez les courgettes et coupez-les en morceaux. Faites-les cuire dans de l'eau bouillante salée pendant 3 min. Égouttez, puis mixez jusqu'à l'obtention d'une texture bien lisse. Versez alors dans un bol lui-même posé dans un bol plus grand rempli de glaçons.

5 Coupez les champignons en lamelles à l'aide d'une mandoline.

6 Faites rôtir les gnocchi dans une poêle très chaude avec un filet d'huile d'olive pendant 4-5 min. Glacez-les dans le beurre avec une petite louche d'eau.

7 Étalez la crème de courgette sur le fond de 4 assiettes. Disposez les gnocchi rôtis dessus, ainsi que les fleurs de courgettes farcies et les lamelles de champignons. Agrémentez de grana padano râpé et de quelques pousses de basilic thaï.

POUR
4 PERSONNES
PRÉPARATION
30 MIN
CUISSON
30 MIN

- 2 belles dorades
- 2 c. à s. d'huile d'olive
- 2 fruits de la passion
- 2 citrons verts
- 2 oranges sanguines
- 120 g de quinoa rouge
- 800 g de patate douce
- Sel
- Poivre

Purée de patates douces, quinoa rouge, dorade, passion

1 Préchauffez le four à 180 °C.

2 Levez les filets des dorades. Coupez la chair en dés. Mélangez-la avec 2 c. à s. d'huile d'olive et la chair des fruits de la passion. Prélevez les zestes de citron vert et d'orange sanguine et ajoutez-les au poisson.

3 Pressez les citrons et prélevez les suprêmes des oranges. Réservez.

4 Rincez le quinoa. Portez à ébullition une casserole de 1,5 fois le volume du quinoa en eau salée, et faites cuire le quinoa 12 min. À l'issue de la cuisson, étalez-le sur une plaque allant au four et enfournez 8 min.

5 Épluchez les patates douces, coupez-les en gros dés et faites-les cuire 8 min à la vapeur. Mixez longuement la chair, ajoutez un filet d'huile d'olive, du sel et du poivre.

6 Au dernier moment, ajoutez le jus de citron au poisson, mélangez délicatement.

7 Dressez 4 assiettes : répartissez la purée de patates douces, déposez par-dessus le poisson et les quartiers d'orange sanguine, puis parsemez de quinoa rouge grillé.

Demandez à votre poissonnier de lever les filets de la dorade pour vous.

RECETTE VEGGIE

POUR
6 PERSONNES
PRÉPARATION
30 MIN
CUISSON
1 H 10

Lasagnes de légumes
2 grosses patates douces
50 g de pecorino râpé
1 c. à s. d'herbes de Provence
Sel
Poivre

Bolognaise de légumes
400 g de potimarron bio
300 g de carottes
2 oignons
2 gousses d'ail
1 c. à s. d'huile d'olive
400 g de coulis de tomate

Béchamel au chèvre frais
25 g de beurre
3 c. à s. de farine
50 cl de lait demi-écrémé
200 g de chèvre frais
Sel
Poivre

Lasagnes de patates douces et chèvre frais

Bolognaise de légumes

1 Lavez le potimarron, épluchez les carottes, les oignons et les gousses d'ail, puis détaillez-les en petits dés.

2 Faites revenir les légumes avec l'huile d'olive dans une grande sauteuse. Ajoutez le coulis de tomate, les herbes de Provence, du sel et du poivre, mélangez, puis laissez mijoter pendant 30 min à feu doux.

Béchamel au chèvre frais

3 Dans une casserole, faites fondre le beurre, puis ajoutez la farine en mélangeant au fouet. Ajoutez ensuite le lait petit à petit sans cesser de fouetter jusqu'à ce que le mélange épaississe. Ajoutez le chèvre frais émietté et mélangez au fouet pour bien l'incorporer. Salez et poivrez, puis réservez.

Lasagnes de légumes

4 Épluchez les patates douces, lavez-les puis détaillez-les en fines lamelles.

Montage

5 Préchauffez le four à 180 °C. Au fond d'un plat à gratin, déposez une couche de tranches de patate douce, recouvrez de bolognaise de légumes, puis de béchamel. Recommencez jusqu'à épuisement des ingrédients en terminant par une couche de tranches de patate douce recouverte de béchamel, et saupoudrez de pecorino râpé. Enfournez et faites cuire 40 min. Dégustez bien chaud.

POUR
4 PERSONNES

PRÉPARATION
40 MIN

CUISSON
55 MIN

Gnocchi

300 g de pommes de terre à chair farineuse

3 jaunes d'œufs

95 g de farine

50 g de grana padano râpé

1 pincée de noix de muscade râpée

Sel

Garniture

100 g de grana padano

100 g de gorgonzola

100 g de taleggio

50 g de scamorza

120 g de lait

120 g de crème liquide entière

25 g de beurre

Sel

Poivre

Gnocchi aux quatre fromages

1 Préparez les gnocchi de pommes de terre comme indiqué p. 30.

2 Coupez tous les fromages en morceaux, en prenant soin d'en garder un petit peu de chaque pour la finition. Faites chauffer le lait avec la crème, puis ajoutez les fromages. Faites cuire à feu doux en mélangeant doucement pendant 15 à 20 min environ, jusqu'à ce que la crème ait une texture bien lisse. Assaisonnez en sel si nécessaire, et en poivre.

3 Portez à ébullition une grande casserole d'eau salée, et plongez les gnocchi pendant 2-3 min. Égouttez-les et glacez-les dans le beurre avec un peu d'eau de cuisson.

4 Dressez les gnocchi dans 4 assiettes, ajoutez la crème 4 fromages, les morceaux de fromages réservés et un peu de grana padano râpé.

POUR
4 PERSONNES
PRÉPARATION
1 H
CUISSON
55 MIN

Gnocchi

300 g de pommes de terre à chair farineuse
3 jaunes d'œufs
95 g de farine
50 g de grana padano râpé
1 pincée de noix de muscade râpée
Sel

Garniture

2 artichauts poivrades
Le jus de 1 citron
30 tomates cerises
3 champignons de Paris
200 g de jambon cuit
25 g de beurre
Grana padano
Pousses de coriandre
Huile d'olive
Sel

Gnocchi quatre saisons

1 Préparez les gnocchi de pommes de terre comme indiqué p. 30.

2 Coupez la tige des artichauts et retirez les feuilles dures de l'extérieur, puis coupez la base des feuilles en tournant les artichauts dans votre main pour retirer les aspérités et donner une forme bien ronde et lisse. Placez-les immédiatement dans un saladier d'eau additionnée de jus de citron, pour qu'ils ne noircissent pas.

3 Placez les artichauts la tête vers le bas dans une casserole. Ajoutez 3 louches d'eau, posez le couvercle et laissez chauffer doucement pendant 10 à 15 min. Sortez les artichauts cuits, coupez-les en quartiers et faites-les griller des 2 côtés dans une poêle.

4 Coupez les tomates cerises en deux, les champignons en quatre et le jambon en dés. Faites sauter le tout dans une poêle avec un filet d'huile d'olive.

5 Portez à ébullition une grande casserole d'eau salée et faites cuire les gnocchi dans de 2-3 min, puis égouttez-les et mettez-les dans la poêle précédente. Glacez avec le beurre et un petit peu d'eau de cuisson.

6 Répartissez les gnocchi dans 4 assiettes avec le jambon, les tomates et les champignons. Ajoutez les artichauts, un peu de grana padano râpé et quelques pousses de coriandre.

POUR
6 PERSONNES

PRÉPARATION
20 MIN

CUISSON
40 MIN

1 kg de pommes de terre à chair farineuse

6 cuisses de canard confites (en conserve)

2 oignons moyens

3 échalotes

20 cl de crème liquide

4 c. à s. de chapelure

Sel

Poivre

Parmentier de confit de canard

1 Épluchez les pommes de terre et coupez-les en gros morceaux. Portez à ébullition une grande casserole d'eau salée et faites-y cuire les morceaux pendant 20 min, jusqu'à ce qu'ils soient bien tendres.

2 Pendant ce temps, réchauffez les cuisses de canard au bain-marie afin de séparer les cuisses de la graisse. Réservez quelques cuillerées à soupe de graisse, puis dépiautez les cuisses pour prélever la viande. Effilochez la viande. Réservez.

3 Pelez et émincez finement les oignons et les échalotes et faites-les revenir à feu moyen dans un peu de la graisse de canard dans une poêle. Quand l'oignon et l'échalote sont caramélisés, ajoutez le canard effiloché et réchauffez à feu vif quelques minutes : la viande doit être légèrement croustillante à l'extérieur, mais rester tendre.

4 Préchauffez le four à 200 °C. Quand les pommes de terre sont cuites, égouttez-les, puis écrasez-les en purée à l'aide d'une fourchette ou d'un presse-purée. Ajoutez la crème, du sel et du poivre. Mélangez bien.

5 Disposez le canard effiloché au fond d'un grand plat à gratin, recouvrez avec la purée, puis saupoudrez de chapelure. Enfournez et faites cuire pendant une dizaine de minutes sur position gril afin de faire dorer la chapelure.

POUR
4 PERSONNES
PRÉPARATION
25 MIN
CUISSON
45 MIN

4 pavés d'espadon
5 cl d'huile d'olive
Sel
Poivre

Sauce gribiche
2 échalotes
100 g carotte
2 œufs durs
1 c. à s. de moutarde à l'ancienne
2 c. à s. d'herbes hachées
10 cl d'huile d'olive
1 piment langue d'oiseau moulu

Purée ACE
200 g de pommes de terre à chair farineuse
800 g de carottes
100 g de beurre
10 cl de crème liquide entière
2 oranges
Le jus de 2 citrons

Pavé d'espadon à la plancha, purée ACE et sauce gribiche

La purée ACE est une purée à base de carotte, orange et citron, qui contiennent des vitamines A, C et E.

Sauce gribiche

1 Épluchez et émincez très finement les échalotes et la carotte. Mélangez les œufs durs grossièrement écrasés avec la moutarde, les carottes, les échalotes, les herbes hachées et l'huile d'olive. Assaisonnez.

Purée ACE

2 Épluchez et lavez les pommes de terre et les carottes.

3 Portez à ébullition une grande casserole d'eau salée et faites cuire les pommes de terre et les carottes 20 min. Égouttez-les et remettez-les dans la casserole, puis ajoutez le beurre, la crème, le jus et le zeste des oranges ainsi que le jus de citron. Écrasez le tout pour obtenir une purée.

Poisson et finition

4 Faites cuire les pavés d'espadon à la poêle avec l'huile d'olive sur feu doux en les gardant rosés. Dressez-les dans 4 assiettes arrosés de sauce gribiche et accompagnés de la purée ACE.

POUR
4 À 6 PERSONNES

PRÉPARATION
25 MIN

1 kg de pommes de terre à chair farineuse
400 g de tomme de chèvre
400 g de truite fumée
60 g d'aneth
60 g de ciboulette
Sel
Poivre

Comme une raclette
à la truite

1 Épluchez et lavez les pommes de terre. Portez à ébullition une grande casserole d'eau salée et plongez-y les pommes de terre. Faites-les cuire 20 min, jusqu'à ce qu'elles soient fondantes.

2 Réduisez les pommes de terre en purée, assaisonnez de sel et de poivre. Taillez finement les herbes à l'aide d'un couteau et incorporez-les à la purée.

3 Dans les poêlons à raclette, faites fondre la tomme de chèvre, puis versez le fromage fondue sur la purée. Servez avec des tranches de truite fumée.

essentiel

POUR
4 PERSONNES
PRÉPARATION
15 MIN
CUISSON
15 MIN

Pommes sarladaises

800 g de pommes de terre nouvelles
4 oignons nouveaux
1 tête d'ail
1 branche de romarin

Magrets

2 magrets de canard
Sel
300 g de cerises
1 c. à c. de miel
1 c. à s. de coriandre en grains
5 cl de vinaigre de vin rouge

Magret de canard à la cerise, pommes sarladaises

1 Salez les magrets de canard et posez-les côté peau dans une poêle froide. Chauffez au minimum la poêle pour faire fondre la graisse le plus doucement possible. Évacuez la graisse au fur et à mesure de la fonte.

2 Lavez les pommes de terre, gardez la peau et coupez-les en morceaux de 3 cm. Dans une cocotte, faites chauffer un peu de graisse de canard et faites colorer les pommes de terre coupées en morceaux. Ajoutez les oignons nouveaux coupés en deux, les gousses d'ail entières et la branche de romarin, et laissez cuire à couvert pendant 20 min environ à feu moyen.

3 Chauffez la poêle de la cuisson des magrets à feu fort, pour colorer la peau des magrets, et retournez les magrets pour les colorer à feu vif pendant 2 min côté chair. Retirez l'excédent de graisse pendant la cuisson. Retirez les magrets et laissez-les reposer sur une grille.

4 Mettez les cerises entières avec le miel et les grains de coriandre concassés dans la poêle à feu vif pour les colorer et déglacez-les avec le vinaigre. Laissez réduire le jus avec les cerises et disposez-les sur les magrets.

5 Tranchez les magrets et dressez dans 4 assiettes. Accompagnez des pommes sarladaises.

RECETTE VEGGIE · RECETTE VEGGIE ·

POUR
4 PERSONNES
PRÉPARATION
15 MIN
CUISSON
50 MIN

2 aubergines
600 g de pommes de terre à chair fondante
Huile d'olive
100 g de tomates confites
2 poignées de basilic
20 cl de lait
2 œufs
40 cl de sauce tomate
200 g de chèvre frais
100 g de fromage de chèvre râpé
Sel
Poivre

Moussaka végétarienne aubergines et pommes de terre

1 Préchauffez le four en position gril à 200 °C.

2 Détaillez les aubergines en lamelles d'environ 1 cm d'épaisseur. Épluchez les pommes de terre et détaillez-les de la même façon que les aubergines.

3 Placez toutes les lamelles sur une plaque recouverte de papier cuisson. Badigeonnez-les d'huile d'olive, puis enfournez et faites cuire environ 20 min, jusqu'à ce qu'elles soient dorées. Réservez.

4 Pendant ce temps, détaillez les tomates confites en morceaux et ciselez le basilic.

5 Mélangez le lait avec les œufs, salez et poivrez.

6 Préchauffez le four à 180 °C. Dans un plat à gratin beurré, déposez une couche de sauce tomate puis les lamelles de pommes de terre, celles d'aubergine, du chèvre frais, des tomates confites et du basilic ciselé. Répétez l'opération jusqu'à épuisement des ingrédients, puis versez le mélange lait-œuf. Recouvrez du reste de tomates confites et de fromage de chèvre râpé.

7 Enfournez et faites cuire 30 min environ. Servez avec du basilic frais.

POUR
4 PERSONNES
PRÉPARATION
45 MIN
CUISSON
1 H 30
REPOS
20 MIN

Poulet

1 poulet de 1,4 kg
4 cl d'huile de tournesol
Sel
Poivre du moulin

Pommes paille

1,4 kg de pommes de terre à chair farineuse
Huile de friture
Sel

Sauce tomate

1 kg de tomates fraîches
100 g de carottes
100 g d'oignons
20 g d'ail
100 g de lardons
60 g de beurre
50 g de farine
200 g de concentré de tomate
1 bouquet garni

Poulet grillé, pommes paille

Sauce tomate

1 Épluchez et lavez les carottes. Pelez les oignons et l'ail. Taillez les carottes et les oignons en petits dés de 5 mm. Ôtez le germe des gousses d'ail et écrasez-les.

2 Préchauffez le four à 160 °C. Faites suer les lardons au beurre dans une cocotte. Ajoutez les carottes et les oignons et faites-les suer doucement. Saupoudrez généreusement de farine. Remuez et laissez cuire sans coloration. Ajoutez les tomates, le concentré de tomate, mouillez à hauteur et portez à ébullition. Ajoutez l'ail et le bouquet garni.

3 Enfournez et faites cuire à couvert à 160 °C durant 1 h 30. À l'issue de la cuisson, passez la sauce tomate au chinois.

Poulet

4 Troussez le poulet : sectionnez chaque côté de la colonne avec un couteau à large lame ou une paire de ciseaux solide.

5 Salez, poivrez et huilez légèrement le poulet à l'aide d'un pinceau. Placez-le sur une plaque et enfournez-le pour 30 min à 160 °C. Retirez-le du four et terminez la cuisson sur feu fort, jusqu'à coloration.

Pommes paille

6 Épluchez et lavez les pommes de terre, puis taillez-les en fines tranches. À l'aide d'un grand couteau sur une planche, retaillez les tranches et fins bâtonnets. Rincez-les puis réservez-les dans un saladier avec de l'eau. Rincez-les bien pour retirer le maximum d'amidon puis égouttez-les. Faites-les sécher dans un torchon.

7 Faites chauffer un bain d'huile dans une friteuse ou une sauteuse à 170 °C, et plongez-y les pommes de terre par petites quantités . Égouttez et salez.

8 Servez le poulet grillé avec les pommes paille et la sauce à part dans une petite saucière.

POUR
6 PERSONNES

PRÉPARATION
1 H 30

CUISSON
3 H 30

REPOS
3 H

1 grosse cuisse d'agneau d'environ 2,5 kg

20 cl d'huile d'olive

2 c. à s. de mélange d'épices paprika cumin

2 kg de pommes de terre Grenaille

2 l d'eau

10 g de sel

1 oignon blanc

1 oignon rouge

2 échalotes

1 tête d'ail

1 citron jaune

1 botte de romarin

Sel

Poivre du moulin

Méchoui d'agneau

et pommes de terre

1 Faites mariner la viande dans l'huile d'olive avec le mélange d'épices pendant 3 h au minimum.

2 Préchauffez le four à 180 °C. Placez la viande dans un grand plat à rôtir et enfournez-la pendant 2 h 30.

3 Portez à ébullition une grande casserole d'eau salée. Plongez-y les pommes de terre et faites-les cuire pendant 15 min environ, jusqu'à ce que le couteau s'enfonce bien dans la chair. Égouttez-les et réservez-les.

4 Pelez les oignons et les échalotes, coupez-les en quartiers. Coupez la tête d'ail en deux. Coupez le citron en rondelles.

5 Une fois la première partie de la cuisson de la viande terminée, disposez les pommes de terre, les oignons, les échalotes, l'ail, les rondelles de citron et la botte de romarin dans le plat, puis enfournez de nouveau pour 45 min, toujours à 180 °C. Dégustez bien chaud.

Annexes

TABLE DES MATIÈRES

Chapitre 5

Occasions 183

Annexes de fin 225

INDEX DES RECETTES
PAR ORDRE ALPHABÉTIQUE

INDEX DES RECETTES
PAR TYPE DE RÉGIME

Viande & volaille

Poisson & fruits de mer

Veggie

Vegan

INDEX DES RECETTES
PAR TYPE DE RECETTE

Au four

Fritures

Galettes individuelles & bouchées

Gaufres & pancakes

Gnocchi

Gratins

Mijotés

Purées

Salades & bowls

Sandwichs

Soupes

Tortillas

INDEX DES PRODUITS

J–K

L

M

N

O

P